국립 목포해양대학교
MOKPO NATIONAL MARITIME UNIVERSITY
海洋文化政策研究센터

청소년바다문고 1

안용복과 울릉도·독도

김호동 지음

KW 교우미디어

국립 목포해양대학교
MOKPO NATIONAL MARITIME UNIVERSITY
海洋文化政策研究센터
청소년바다문고 • 1

안용복과 울릉도·독도

초판 인쇄 / 2015년 6월 5일
초판 발행 / 2015년 6월 10일

지은이 / 김호동
펴낸이 / 오상훈
펴낸곳 / 교우미디어
출판등록 / 제305-2011-000007호
주소 / 서울특별시 동대문구 약령시로 8 교우빌딩 2층
전화 / 925-2866(대표), 925-2825(편집부), 969-5762(홈쇼핑)
팩스 / 925-2860
이메일 / kyowoo@kyowoo.co.kr
홈페이지 / http://www.kyowoo.co.kr
북스토어(쇼핑몰) / http://www.kyowoo.co.kr

ISBN 979-11-85417-07-3 (44400)
979-11-85417-06-6 (세트)

값 **8,000**원

간행사

2014년 4월 16일은 우리 해양사에서 결코 잊혀지지 않을 비극의 날로 기록될 것이다. 그러나 이러한 비극적인 일이 바다에서 일어났다고 해서 우리가 바다를 경원시하거나 두려워해서는 안 될 것임은 분명하다. 지난 두 세대 동안 우리나라의 해양산업은 조선 세계 1~2위, 해운 세계 5~6위, 수산 세계 12~13위권으로 성장하였다. 그러나 해양계에서는 정부와 국민의 해양인식이 매우 낮다는 사실을 지적하고, 삼면이 바다인 우리나라가 한 단계 도약하기 위해서는 바다를 적극적으로 이용하고 개척해야만 한다고 주장해 왔다. 이런 상황에서 발생한 '세월호' 사고는 우리 국민들의 배와 바다에 대한 인식을 기존 보다 더 악화시켜 버린 결정적인 계기가 될 것이다.

그러나 우리가 배와 바다를 멀리 하려해도 부존자원이 적고, 자체 내수 시장이 작은 우리의 현실에서는 배를 통해 원자재를 수입해서 완제품을 만들어 해외로 수출하지 않으면 안 되는 경제구조를 갖고 있다. 그러한 까닭에 우리는 배와 바다를 단순히 교통수단이나 교통로로 이용하는 데 그칠 것이 아니라, 연구하고, 도전하고, 이용하고, 투자하여 미래의 성장 동력이자 우리의 삶의 터전으로 삼지 않으면 안 된다. 이러한 사실을 기성세대에게 인식시키는 데는 많은 노력을 기울여야 하는 데 반해, 그 효과를 기대하기는 어렵다. 따라서 우리의 미래를 짊어질 다음 세대들에게 바다의 역사와 문화, 배와 항해, 해양 위인의 삶과 역사적 의미 등을 가르쳐 배와 바다를 아끼고, 좋아하고, 도전하고, 연구하는 대상으로서 자기 삶의 일부로 친근하게 느낄 수 있도록 교육하는 일이 무엇보다 중요하다. 왜냐하면 우리의 미래를 이끌고 갈 주인공이 청소년들이기 때문이다.

다른 분야와 마찬가지로 우리의 청소년들이 지식과 사고력을 기르는 기본 도구인 교과서에 해양 관련 기사가 매우 적다는 것은 익히 알려진 일이다. 그나마 교과서에 포함된 장보고나 이순신, 울릉도와 안용복 등의 기사도 교과서의 특성상 한 쪽 이상을 넘어가기는 매우 어렵다. 이러한 두 가지 점에 착안하여 우리의 미래를 이끌어갈 청소년들에게 교과서에서 미처 배우지 못한 배와 항해, 해양문학, 해양역사, 해양위인, 해양문학과 관련된 내용을 배울 수 있는 부교재로 청소년바다문고를 간행하게 되었다. 초등학교 고학년부터 고등학생에 이르기까지 국어, 국사, 사회 등의 교과서에 실린 바다 관련 기사의 내용을 보완하는 부교재로 널리 활용되기를 바라는 마음 간절하다. 이 청소년바다문고 시리즈가 간행되는 데 재정 지원을 해주신 트라이엑스(주)의 정헌도 사장님과, 도서출판 교우미디어의 오판근사장님과 편집부 직원들에게 감사의 말씀을 전한다.

2015. 새봄
국립목포해양대학교
해양문화정책연구센터
센터장 김 성 준

머리말

'독도를 지킨 사람들' 가운데 빠짐없이 등장하는 인물이 '안용복(安龍福)'이다. 우리나라에서 안용복을 '숙종' 때 울릉도와 독도가 조선 땅임을 일본 막부정부가 자인하도록 활약한 민간 외교가라고 하거나, 흔히들 '장군'으로 부른다. 안용복은 장군이 아니다. 1954년 부산의 애국단체인 대동문교회(大東文敎會)에서 '독전왕 안용복 장군'으로 추존식을 거행한 것이 안용복을 장군으로 칭하게 된 계기이다. 성호 이익은 『성호사설』 울릉도조에 "안용복은 영웅호걸"이라고 하였고, "용복과 같은 자는 국가의 위급한 때를 당하여 항오에서 발탁하여 장수급으로 등용하고 그 뜻을 행하게 했다면, 그 이룩한 바가 어찌 이에 그쳤겠는가?"라고 하였다. 1954년 안용복을 장군으로 추존한 계기는 성호 이익의 이 기록에서 비롯되었다.

1957년 '안용복장군 기념회'가 발족하였고, 1966년 사단법인 '안용복장군기념사업회'가 만들어지게 되었다. 안용복장군기념사업회는 1960년 3월 『안용복 장군 약전』(500부), 『안용복장군- 부 울릉도·독도의 내력(安龍福將軍–附鬱陵島·獨島의 來歷)』(김의환 편집, 안용복장군기념사업회간)을 발간하였고, 1967년 부산 수영공원 내에 '안용복장군 충혼탑'을, 1971년에 울릉도 독도박물관 앞에 '안용복장군충혼비'를 건립하였다. 2009년에 경상북도에서 '안용복재단'이 출범하였고, 울릉군에서 2013년, '안용복기념관'이 개관하였다. 대구한의대학교에서 '안용복연구소'가 있다. 독도 영유권 확립에 있어서 안용복의 활동이 큰 역할을 하였기 때문이다.

그렇지만 일본의 경우 안용복을 '거짓말쟁이'라고 한다. 일본 외무성 홈페이지의 '죽도(竹島)-다케시마 문제를 이해하기 위한 10의 포인트' 홍보 팸플릿(2008년)에서 "한국이 자국 주장의 근거로 인용하는 안용복의 진술내용에는 많은 의문점이 있습니다"라고 하였다. 한국에서 양심적인 학자로 알려져 있는 나이토 세이츄(內藤正中)조차도 "안용복 연구는 일본에서 귀국한 후 취조한 비변사에서의 공술 내용을 기록한 『조선왕조실록』에만 의존하고 있고 상대측인 돗토리번(鳥取藩)의 사료에 관해서는 전혀 고려하고 있지 않다는 결함을 가지고 있다"고 하였다. 이런 판국에서 한국측 사료에 근거하여 '안용복상'을 그려낸다 하더라도 일본을 설득시킬 수 없다. 이제 그들이 금과옥조로 신빙하는 일본 사료를 통해 새로운 '안용복상'을 그려낼 필요성이 있다. 그에 따라 이 책에서 안용복과 관련된 일본의 기록, 『죽도기사』·『죽도고』·『원록구병자년조선주착안일권지각서』·『기죽도약도』 등을 중심으로 안용복 자료를 비판적으로 검토하며 객관적으로 '안용복상'을 그려낼 수 있었다.

흔히들 안용복을 독도를 지킨 인물로 치켜세우면서, '장군', 혹은 '민간외교가'로 부르며 영웅시한다. 하나의 역사적 사실에는 여러 가지 원인이 복합되어 있다. 어느 개인의 능력이나 심리상태가 역사적 사실의 중요 원인으로 부각되면 역사가 우연의 소산물로 이해되거나 영웅주의적 역사관에 빠질 위험이 있다. 안용복이 살았던 시대는 17세기 소빙기로 인한 대재난의 절정 시기이다. 대재난에 빠진 동남해 연안민들이 삶을 개척하기 위해 울릉도·독도에 많이 들어갔다. 그 일원 가운데 '안용복'과 '박어둔'이 일본 어부들에 의해 납치되었다. 그것으로 인해 조선 조정과 일본 에도막부 사이에서 '울릉도쟁계'가 발생하였다. '안용복 납치사건'으로 인해 조선 조정은 우리나라 동남해 연안민들이 울릉도와 독도에 드나들었다는 것을 알게 되었고, 일본 어부들에 의해 납치되었다는 것을 알게 되어 적극적으로 일본 에도막부와의 외교교섭을 통해 울릉도와 독도를 지킬 수 있었다. '안용복'을 강조하기 보다는 '울릉도쟁계'를 강조하여야만 한다. 국가와 국가 사이에 외교전을 통해 울릉도와 독도를 지켜낼 수 있었다는 것을 강조하여야만 한다.

2015. 새봄

김 호 동

차 례

1
머리말

독도 관련 인터넷 홈페이지에서 '독도를 지킨 사람들' 가운데 빠짐없이 등장하는 인물이 '안용복(安龍福)'이다. 우리나라에서 안용복을 '숙종 때 울릉도와 독도가 조선 땅임을 일본 막부정부가 자인하도록 활약한 민간 외교가'라고 하거나, 흔히들 '장군'으로 부른다.

한국에서 '안용복'을 독도를 지킨 인물로 부각시키는데 반해 일본에서 안용복을 부정적 인물로 묘사하고 있다. 시마네현의 '죽도문제연구회'를 이끌어나가고 있는 시모죠마사오는 『죽도문제에 관한 조사연구 최종보고서』(2007.3) 「머리말」에서 안용복을 모든 '악의 근원'으로 간주하면서, 그의 그릇된 증언이 조선 역사책에서 받아들여져 안용복의 영웅상이 형성되었다고 혹평했다. 한국에서 양심적인 학자로 알려져 있는 나이토 세이츄(内藤正中)조차도 "한국과 북한에서 행해지고 있는 안용복 연구는 일본에서 귀국한 후 취조한 비변사에서의 공술 내용을 기록한 『조선왕조실록』에만 의존하고 있고, 상대측인 돗토리번(鳥取藩)의 사료에 관해서는 전혀 고려하고 있지 않다는 결함을 가지고 있다"고 하였다. 이케우치 사토시(池内敏)도 한국의 연구자가 일본 사료와의 대조를 등한시하고 있다고 비판했다.

일본 외무성 홈페이지의 '죽도(竹島)-다케시마 문제를 이해하기 위한 10의 포인트' 홍보 팸플릿(2008년)에서 "한국이 자국 주장의 근거로 인용하는 안용복의 진술 내용에는 많은 의문점이 있습니다"라고 하였다. 이 책에서는 한일 양국 자료를 통해 안용복을 객관적으로 보고자 한다.

첫째, 안용복과 '울릉도쟁계'에 대한 우리 정부 및

일본 정부의 견해를 보기로 한다.

둘째, '안용복은 누구인가'를 통해 안용복의 신분을 알아보고자 한다. 흔히들 안용복을 '장군'으로 부른다. 안용복은 장군이 아니다.

셋째, '안용복이 살았던 시대'를 통해 안용복 등 동남해안 연안민들이 왜 머나먼 울릉도·독도에 갔을까를 다룬다.

넷째, 1693년 일본 오야가의 어부들이 안용복·박어둔 납치사건을 다룬다. 1693년 일본 어부들의 납치사건을 흔히들 '1차 도일(渡日)사건'이라 하고, 1696년의 일본행을 '2차 도일사건'이라고 한다. '건널 도(渡)'는 스스로 건너간다는 의미를 갖고 있다. 1693년의 경우 안용복·박어둔은 일본 어부들에 의해 강제로 납치된 사건이다. 그러므로 1693년의 경우 '도일'이라고 하지 않고, 납치 사건으로 명명하였다.

다섯째, 안용복·박어둔 납치사건으로 인해 조선 조정과 일본 에도막부 사이에 '울릉도쟁계'가 발생하였다. 일본은 '죽도일건'으로 부른다. 조선 조정은 우리나라 동남해연안민들이 울릉도와 독도에 드나들었다는 것을 알게 되었고, 일본 어부들에 의해 납치되었다는 것을 알게 되어 적극적으로 일본 에도막부와의 교섭을 통해 울릉도와 독도를 지킬 수 있었다.

여섯째, 1696년, 안용의 울릉도·독도행 및 도일 사건을 다루겠다.

일곱째, '울릉도쟁계' 이후의 조선과 일본의 대응을 다루겠다.

2
안용복과 '울릉도쟁계'에 대한 우리 정부 및 일본 정부의 견해

1693년 울릉도에서 안용복과 박어둔이 일본 오야가의 어부들에서 납치되어 일본으로 건너간 것을 계기로 조선정부와 일본 에도막부 사이에 울릉도 영유권 분쟁이 발생했다. 이것을 한국에서 '울릉도쟁계(鬱陵島爭界)'라고 하고, 일본에서는 '죽도일건(竹島一件)'이라고 한다.

우리나라의 외교부 홈페이지 '독도 사이트(http://dokdo.mofa.go.kr/kor)'에서 '독도에 대한 정부의 기본입장'을 다음과 같이 밝히고 있다.

독도에 대한 정부의 기본입장

독도는 역사적, 지리적, 국제법적으로 명백한 우리 고유의 영토입니다. 독도에 대한 영유권 분쟁은 존재하지 않으며, 독도는 외교 교섭이나 사법적 해결의 대상이 될 수 없습니다.

우리 정부는 독도에 대한 확고한 영토주권을 행사하고 있습니다. 우리 정부는 독도에 대한 어떠한 도발에도 단호하고 엄중하게 대응하고 있으며, 앞으로도 지속적으로 독도에 대한 우리의 주권을 수호해 나가겠습니다.

그리고 '독도에 관한 15가지 일문일답' 가운데 '질문 5'를 통해 "독도와 관련하여 안용복 활동은 어떤 의미가 있나요?"라고 하면서 다음과 같은 답변을 기술하고 있다.

- 안용복은 조선 숙종 때의 인물로서, 1693년 울릉도에서 일본인들에 피랍되는 등 두 차례에 걸쳐 일본으로 건너갔습니다. 1693년 안용복의 피랍은 한·일 간 울릉도의 소속에 관한 분쟁(울릉도쟁계)이 발생하는 계기

가 되었고, 이 과정에서 울릉도와 독도의 소속이 밝혀지게 되었다는 점에서 의미가 있습니다.

- 1696년 안용복의 두 번째 도일(渡日)과 관련하여 『숙종실록』은 안용복이 울릉도에서 마주친 일본 어민에게 “송도(松島)는 자산도(子山島, 독도)이며 우리나라 땅이다”라고 말하고, 일본으로 건너가서 우리나라 땅인 울릉도와 독도에 대한 일본의 침범에 항의하였다고 진술한 사실을 기록하고 있습니다.

- 안용복이 일본으로 건너갔던 사실은 우리나라 문헌뿐만 아니라 『죽도기사(竹嶋紀事)』, 『죽도도해유래기발서공(竹嶋渡海由來記拔書控)』, 『인부연표(因府年表)』, 『죽도고(竹島考)』 등의 일본 문헌도 전하고 있습니다.

- 특히 최근(2005년) 일본에서 새로이 발견된 사료인 「원록구병자년조선주착안일권지각서(元祿九丙子年朝鮮舟着岸一卷之覺書)」(1696년 안용복이 오키섬에 도착하였을 때 오키섬의 관리가 인용복을 조사한 내용을 기록한 문서)는 안용복이 울릉도(竹島)와 독도(松島)가 강원도 소속이라고 진술하였다고 기록하고 있어, 『숙종실록』의 내용을 뒷받침하고 있습니다.

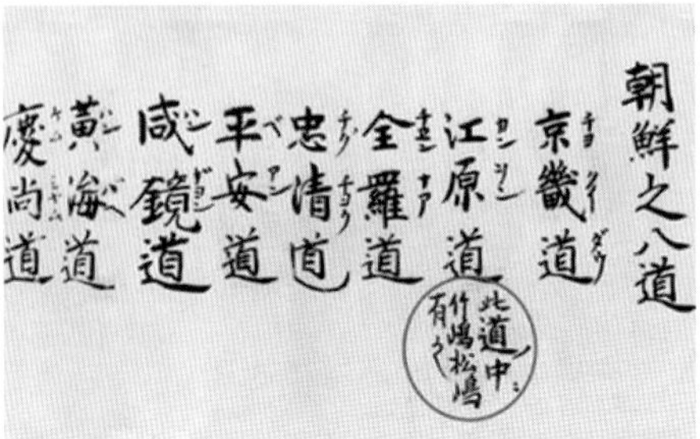

번역문

이 도(道) 내에 다케시마(울릉도), 마쓰시마(독도)가 있다.

원문

此道中 竹嶋松嶋有之

원록구병자년조선주착안일권지각서

2008년 일본 외무성은 죽도 홍보 팸플릿, 「竹島 - 다케시마 문제를 이해하기 위한 10의 포인트」를 발표하고, 그것을 외무성 홈페이지에 게시하였다.

「죽도(竹島) – 다케시마 문제를 이해하기 위한 10의 포인트」

1. 일본은 옛날부터 다케시마의 존재를 인식하고 있었습니다.
2. 한국이 옛날부터 다케시마의 존재를 인식하고 있었다는 근거는 없습니다.
3. 일본은 울릉도로 건너갈 때의 정박장으로 또한 어채지로 다케시마를 이용하여, 늦어도 17세기 중엽에는 다케시마의 영유권을 확립했습니다.
4. 일본은 17세기말 울릉도로 건너갈 때의 울릉도 도항을 금지했습니다만, 다케시마 도항은 금지하지 않았습니다.
5. 한국이 자국 주장의 근거로 인용하는 안용복의 진술내용에는 많은 의문점이 있습니다.
6. 일본정부는 1905년 다케시마를 시마네현에 편입하여, 다케시마 영유 의사를 재확인했습니다.
7. 샌프란시스코 평화조약 기초과정에서 한국은 일본이 포기해야 할 영토에 다케시마를 포함시키도록 요구했으나 미국은 다케시마가 일본의 관할하에 있다고 해서 이 요구를 거부했습니다.

8. 다케시마는 1952년 주일 미군의 폭격훈련구역으로 지정되었으며, 일본영토로 취급되었음은 분명합니다.
9. 한국은 다케시마를 불법점거하고 있으며, 일본은 엄중하게 항의를 하고 있습니다.
10. 일본은 다케시마 영유권에 관한 문제를 국제사법재판소에 회부할 것을 제안하고 있습니다만, 한국이 이를 거부하고 있습니다.

3, 4, 5의 경우 '안용복'과 '울릉도쟁계'와 관련된 내용이다.

포인트 5에서 "한국이 자국 주장의 근거로 인용하는 안용복의 진술 내용에는 많은 의문점이 있습니다."라고 하면서, 아래와 같은 근거들을 들고 있다.

1. 막부(幕府)가 울릉도 도항 금지를 결정한 후, 안용복은 다시 일본으로 건너왔습니다. 그 후, 다시 조선에 송환된 안용복은 울릉도 도항 금지를 어긴 자로서 조선 관리의 취조를 받는데, 이때의 안용복의 진술이 현재 한국의 죽도 영유권 주장의 한 근거로 인용되고 있습

니다.

2. 한국측 문헌에 따르면, 안용복은 일본에 왔을 때 울릉도 및 죽도를 조선 령으로 한다는 서계(書契) 즉 문서를 에도막부로부터 받았으나, 대마도(對馬島)의 번주(藩主)가 그 문서를 빼앗았다고 진술한 것으로 되어 있습니다. 그러나 일본측 문헌에 의하면, 안용복이 1693년과 1696년에 일본에 왔다 등의 기록은 있으나, 한국측이 주장하는 것과 같은 서계를 안용복에게 주었다는 기록은 없습니다.
3. 더욱이 한국측 문헌에 의하면, 안용복은 1696년 일본에 왔을 때 울릉도에 다수 일본인이 있었다고 말한 것으로 되어 있습니다. 그러나 안용복이 일본에 온 것은 막부가 울릉도 도항 금지를 결정한 후의 일로서, 당시 오야(大谷), 무라카와(村川) 양가는 모두 이 섬에 도항하지 않았습니다.
4. 안용복에 관한 한국 측 문헌의 기술은 안용복이 국금(國禁)을 어기고 국외에 도항하여, 그 귀국 후 취조를 받았을 때의 진술에 의거한 것입니다. 그의 진술은 상기 내용뿐만 아니라 사실에 맞지 않는 바가 많으나, 그런 것들이 한국 측에 의해 죽도 영유권의 한 근거로 인용되어 왔습니다.

이러한 일본 외무성의 주장은 『숙종실록』 22년(1696년) 9월 25일(무인)조에 실려 있는 안용복의 진술이 위증(僞證)이라는 일본 학자들의 연구를 근거로 한 것이다. 『숙종실록』 22년(1696년) 9월 25일(무인)조의 안용복 진술을 살펴보기로 한다.

> 비변사에서 안용복 등을 추문하였는데, 안용복이 말하기를, "저는 본디 동래에 사는데, 어머니를 보러 울산에 갔다가 마침 승려 뇌헌 등을 만나서 근년에 울릉도에 왕래한 일을 자세히 말하고, 또 그 섬에 해물(海物)이 많다는 것을 말하였더니, 뇌헌 등이 이롭게 여겼습니다. 드디어 같이 배를 타고 영해 사는 뱃사공 유일부 등과 함께 떠나 그 섬에 이르렀는데, 주산(主山)인 삼봉(三峯)은 삼각산보다 높았고, 남에서 북까지는 이틀길이고 동에서 서까지도 그러하였습니다. 산에는 잡목과 매[鷹]·까마귀·고양이가 많았습니다. 왜선도 많이 와서 정박하고 있어 뱃사람들이 다 두려워하였으므로, 제가 앞장서서 말하기를, '울릉도는 본디 우리 지경(地境)인데, 왜인이 어찌하여 감히 지경을 넘어 침범하였는가? 너희들을 모두 포박하여야 하겠다.'라고 하고, 이어서 뱃머리에 나아가

큰소리로 꾸짖었습니다. 그랬더니 왜인이 말하기를, '우리들은 본디 송도(松島)에 사는데 우연히 고기를 잡으러 나왔으나 이제 본소(本所)로 돌아갈 것입니다.'라고 하므로, '송도는 자산도로서 그것도 우리나라의 땅인데 너희들이 감히 거기에 사는가?'라고 하였습니다. 드디어 이튿날 새벽에 배를 몰아 자산도에 갔는데, 왜인들이 막 가마솥을 벌여 놓고 고기 기름을 다리고 있었습니다. 제가 막대기로 쳐서 깨뜨리고 큰 소리로 꾸짖었더니, 왜인들이 거두어 배에 싣고서 돛을 올리고 돌아가므로, 제가 곧 배를 타고 뒤쫓았습니다. 그런데 갑자기 광풍을 만나 표류하여 옥기도[玉岐島: 오키도(隱岐島)]에 이르렀는데, 도주가 들어온 까닭을 물으므로, 제가 말하기를, '근년에 내가 이곳에 들어와서 울릉 자산 등의 섬을 조선의 지경으로 정하고, 관백의 서계를 받았는데, 이 나라에서는 정식(定式)이 없어서 이제 또 우리 지경을 침범하였으니, 이것이 무슨 도리인가?'라고 하자, 마땅히 호키주에 전보하겠다고 하였으나, 오랫동안 소식이 없었습니다. 제가 분완을 금하지 못하여 배를 타고 곧장 호키주로 가서 '울릉 자산 양도 감세장'이라 가칭하고 사람을 시켜 본도에 통고하려 하는데, 그 섬에서 사람과 말을 보내어 맞이하므로 저는 푸른 철릭[帖裏]를 입고 검은 포립(布笠)

을 쓰고 가죽신을 신고 교자를 타고 다른 사람들도 모두 말을 타고서 그 고을로 갔습니다. 저는 도주와 청 위에 마주 앉고, 다른 사람들은 모두 중계에 앉았습니다. 도주가 묻기를 '어찌하여 들어왔는가?' 하므로, 답하기를, '전일 두 섬의 일로 서계를 받아낸 것이 명백할 뿐만이 아닌데, 쓰시마 도주가 서계를 빼앗고는 중간에서 위조하여 두세 번 차왜를 보내 법을 어겨 함부로 침범하였으니, 내가 장차 관백에게 상소하여 죄상을 두루 말하려 한다.'고 하였더니, 도주가 허락하였습니다. 드디어 이인성으로 하여금 소를 지어 바치게 하자, 도주의 아비가 호키주에 간청하여 오기를, '이 소를 올리면 내 아들이 반드시 중한 죄를 얻어 죽게 될 것이니 바치지 말기 바란다.'고 하였으므로, 관백에게 품정하지는 못하였으나, 전일 지경을 침범한 왜인 15인을 적발하여 처벌하였습니다. 이어서 저에게 말하기를, '두 섬은 이미 너희 나라에 속하였으니, 뒤에 혹 다시 침범하여 넘어가는 자가 있거나 도주가 혹 함부로 침범하거든, 모두 국서를 만들어 역관을 정하여 들여보내면 엄중히 처벌할 것이다.' 하고, 이어서 양식을 주고 차왜를 정하여 호송하려 하였으나, 제가 데려가는 것은 폐단이 있다고 사양하였습니다."하였고, 뇌헌 등 여러 사람의 공사도 대략 같았다.

안용복의 진술을 보면 1693년에 일본에 가서 울릉 자산(독도) 등의 섬을 조선의 지경으로 정하고, 에도막부의 관백의 서계를 받았다고 하였다. 그리고 1696년에 울릉도, 독도에서 왜인을 발견하고 우리나라 땅이라고 주장하면서 왜인들을 뒤쫓아 일본으로 갔다고 기술하고 있다. 그것을 일본 외무성의 죽도 홍보 팸플릿은 부인하고 있다.

또 일본 외무성의 죽도 홍보 팸플릿은 '울릉도(鬱陵島)로의 도해금지(渡海禁止)' 항목에서 [소위 「죽도일건(竹島一件)」]에 관한 견해를 다음과 같이 기술하고 있다.

1. 막부로부터 울릉도로의 도해를 공인받은 요나고의 오야와 무라카와 양가는 약 70년에 걸쳐 외부로부터 방해받는 일없이 독점적으로 사업을 하였습니다.

2. 1692년 무라카와가(家)가 울릉도를 방문하였을 때 다수의 조선인이 울릉도에서 고기잡이를 하고 있었음을 발견하였습니다. 또한, 다음 해 오야가(家) 역시 많은 수의 조선인을 발견하였으며, 이 때 안용복과 박어둔

두 사람을 일본으로 데려가게 되었습니다. 또한 이 당시에 조선왕조는 자국의 국민들의 울릉도로의 도항을 금지하고 있었습니다.

3. 상황을 알게 된 막부는 쓰시마번(강호시대, 조선과의 외교·무역의 창구였음)을 통하여 안(安)과 박(朴)의 두 사람을 조선으로 돌려보낼 것과 조선 어민의 울릉도로의 도해금지를 요구하는 교섭을 개시하도록 명령하였습니다. 그러나 이 교섭은 울릉도의 귀속 문제를 둘러싼 의견의 대립으로 인하여 합의에 도달하지 못하였습니다.

4. 쓰시마번으로부터 교섭결렬의 보고를 받은 막부는 '1696년 1월 울릉도에 일본 사람이 거주하고 있는 것은 아니며, 또한 울릉도까지의 거리로 보아 이 섬은 조선령으로 판단된다. 쓸모없는 작은 섬을 둘러싸고 이웃 나라 간의 우호를 잃게 되는 것은 득이 되는 정책은 아닐 것이다. 조선이 울릉도를 빼앗아 간 것은 아니므로 단지 도해를 금지하는 것으로 한다'라는 조선과의 우호관계를 존중하여 일본인의 울릉도로의 도해를 금지시키는 결정을 내렸으며, 이를 조선측에 전달하도록 쓰시마번에게 명령하였습니다.

이상의 울릉도의 귀속을 둘러싼 교섭의 경위는 일반적으로 '죽도일건(竹島一件)'이라고 합니다.

2008년의 경우 죽도 홍보 팸플릿, 「죽도(竹島) - 다케시마 문제를 이해하기 위한 10의 포인트」의 경우 일본어와 한국어로 된 경우는 둘다 같다. 하지만 2014년 일본어로 된 경우는 동일하지만, 한국어로 된 경우는 변경되었다.

2014년 3월 일본 외무성 홈페이지 한국어로 된 '죽도' 사이트 「전단: 다케시마」와 「다케시마 팸플릿」에서는 '죽도일건' 관계 기록이 빠지고, 「전단: 다케시마」의 경우 "17세기 초에는, 일본의 상인이 에도 막부의 허가를 받아 울릉도로 갈 때 다케시마를 항로 설정의 기준으로, 또한 강치 등의 어획지로 이용했습니다. 늦어도 17세기 중반에는 일본이 다케시마의 영유권을 확립했다고 생각합니다."라고 되어 있고, 「다케시마 팸플릿」에서는 다음과 같이 기술하고 있다.

다케시마의 영유

1618년 돗토리번 호우키노쿠니 요나고의 주민인 오야 진키치와 무라카와 이치베는 막부로부터 울릉도(당시의 일본명 '다케시마') 도항 면허를 받았습니다. 그 후 양가는 교대로 매년 한 번 울릉도에 도항해 전복 채취, 강치 포획, 수목 벌채 등의 일에 종사했습니다.

양가는 장군가의 접시꽃 문양을 새긴 깃발을 배에 걸고 울릉도에서 어업에 종사하고, 채취한 전복은 장군가 등에 헌상하여, 이른바 이 섬의 독점적 경영을 막부 공인하에 행했습니다.

그 동안 오키에서 울릉도로 가는 뱃길에 있는 다케시마는 항해의 목표나 도중의 정박지로서, 또 강치나 전복 포획의 좋은 어장으로서 자연스럽게 이용되기에 이르렀습니다. 이리하여 일본은 늦어도 17세기 중엽에는 다케시마의 영유권을 확립했다고 생각됩니다.

또한 당시 막부가 울릉도나 다케시마를 외국 영토로 인식하고 있었다면, 쇄국령을 발해 일본인의 해외 도항을 금지한 1635년에는 이들 섬에 대한 도항을 금지했을 것이지만, 그런 조치[1]는 취해지지 않았습니다.

---

[1] 1625년이라는 설도 있습니다.

2008년과 비교해 "한국이 자국 주장의 근거로 인용하는 안용복의 진술 내용에는 많은 의문점이 있습니다."는 것도 빠졌고, '죽도일건' 기술이 빠졌고, "일본은 17세기말 울릉도로 건너갈 때의 울릉도 도항을 금지했습니다만, 다케시마 도항은 금지하지 않았습니다"는 기술도 빠졌다.

그리고 일본의 중·고등학교 교과서의 경우 독도는 '일본의 고유영토'라고 한다. 독도 영유권은 17세기, 에도시대부터 확립하였다고 한다.

우리나라 중·고등학교 교과서의 경우 안용복을 내세우고, '울릉도쟁계'를 거의 다루지 않는다. 각종 교과서나 인터넷을 보면 독도를 지킨 사람으로서 안용복을 강조하고 있으면서 안용복을 '민간외교가'나 '장군'으로 묘사하고 있다. 그렇지만 1693년 안용복·박어둔 납치사건으로 인해 조선 정부는 울릉도와 독도에 조선 사람들과 일본 어부들이 드나들었던 것을 알고 일본 에도막부와의 외교적 교섭을 통해 울릉도와 독도를 우리나라의 영토로 지켜낼 수 있었다. 1693년 일본 어부들에 의한 안용복·박어둔 납치사건을 계기로 조선 조정과 일본 에도막부 사이에서 '울릉도쟁계(죽도일건)', 즉 울릉도 영유권 다툼이 일어났고, 울릉도와 독도를 지켜냈다는 것을 강조해야만 한다. 국가와 국가 사이에서 외교적 교섭을 통해 울릉도·독도를 지켜냈다는 것을 강조해야만 한다.

3
안용복은 누구인가?

'안용복'과 '울릉도쟁계' 관련 기록은 『숙종실록』과 『승정원일기』, 『비변사등록』, 『변례집요』, 『표인영래등록』의 관찬사료에 나오고, 『약천집』, 『성호사설』, 『춘관지』, 『여암전서』, 『연려실기술』, 『춘관지』, 『청성잡기』, 『화국지』, 『순암선생전집』, 『석재고』, 『증정교린지』, 『만기요람』, 『홍재전서』, 『오주연문장전사고』, 『연경재전집』, 『희조일사』, 『난곡집』, 『기년동사록』에 나온다.

한국 연구자들은 그간 『숙종실록』과 『승정원일기』를 중심으로 안용복 사건과 '울릉도쟁계'를 다루고 있다. 이들 자료에 근거하면 1693년(숙종 19) 봄에 안용복과 박어둔 등의 어부가 울릉도에 고기잡이 나갔다가 일본 어부들에 의해 일본에 납치되었을 때 '울릉도와 독도는 일본 땅이 아니기 때문에 일본 어민들의 출어를 금지시키겠다'는 도쿠가와 막부의 서계를 받았다고 한다. 그때 쓰시마번주는 안용복으로부터 서계를 빼앗고, 50일을 억류하다가 부산포의 왜관으로 이송하였다. 안용복은 부산포의 왜관에서도 40일이나 더 구금된 후 동래부로 넘겨졌다. 동래부에서 안용복은 서계 강탈 사건에 대하여 소상하게 보고했지만 동래부사에 의해 국경을 넘어가는 죄인, 즉 '월경죄인(越境罪人)'으로 몰려 감금되었다.

에도막부의 명령을 받은 쓰시마번주는 귤진중(橘眞重)을 사신으로 파견하여 울릉도가 일본의 '죽도'라고 주장하면서 조선어민들의 출어를 금지하여 달라는 요구를 함으로써 '울릉도쟁계'가 일어났다.

한일 양국 사이에 '울릉도쟁계'가 벌어지는 와중인 1696년(숙종 22), 안용복이 재차 울릉도와 독도를 거쳐 일본에 들어가 울릉도와 독도가 조선의 영토임을 주장하였음을 『숙종실록』과 『승정원일기』 등에서 기록하고 있다.

그러나 숙종 19년과 22년의 안용복의 진술이 적혀 있는 『숙종실록』 등의 조선 측 사료와, 이에 근거한 한국의 연구 성과를 일본 측에서는 신빙성이 없는 것으로 치부하고 있다.

안용복과 같은 시대에 살았던 성호 이익(1681: 숙종 7~1763; 영조 39)은 안용복을 『성호사설(星湖僿說)』「울릉도(鬱陵島)」조에서 "동래부(경상좌수영) 전선의 노군(櫓軍)으로 왜관을 출입하여 일본어를 잘하였다."고 하였다. 노군, 즉 능로군은 배에서 노 젓는 군사이고, 양인과 천인으로 구성되었다. 안용복은 장군인가? 양인인가? 노비인가?

일본의 오카지마 마사요시(江嶋正義)가 지은 『죽도고(竹島考)』(1828)에 1693년에 안용복이 차고 있는 호패를 기록하였다.

호패는 지금의 주민등록증에 해당한다. 조선시대 16세 이상의 남성이라면 누구나 차고 다녀야 했다. 호패는 2품 이상과 삼사(三司)의 관원인 경우에만 관청에서 제작한 것을 지급받았고, 대부분의 경우는 각자가 호

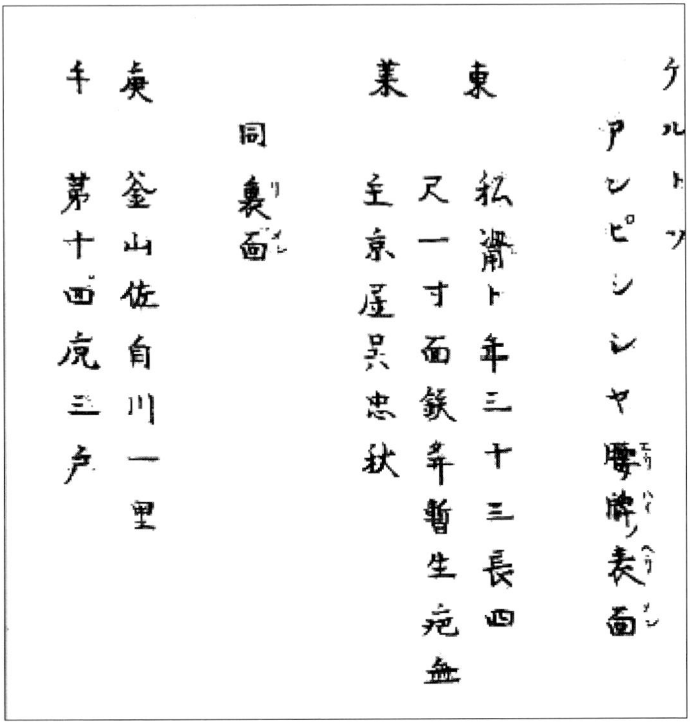

ケルトツ
アンピンシヤ腰牌ノ表面
東 私潸ト年三十三長四
尺一寸面鉄髥暫生疤無
莱 主京居呉忠秋
同 裏面
庚 釜山佐自川一里
午 第十四虎三戸

1693년 안용복 호패

패에 기재할 사항인 성명, 출생신분, 직역, 거주지 등을 단자(單子)로 만들어 관청에 제출하여 관청 단자와 대조하여 낙인 받은 뒤에 지급받았다. 신분에 따라 호패의 재질과 기재내용이 달랐다.

1693년 안용복의 호패에 따르면 안용복은 사노(私奴)이고, 주인은 서울에 사는 오충추(吳忠秋)이다. 그는 부산 좌자천일리(佐自川一里) 14통 3호(현 부산시 동구 좌천동)에 주소를 두었다. 그렇기 때문에 안용복은 서울에 사는 오충추의 외거노비이다. 호패를 발급한 1690년(숙종 16) 당시가 33세였으므로 1693년에는 36세가 된다. 얼굴은 검은데 검버섯이 돋았고 흉터는 없으며 키는 4척 1촌[1m 23㎝]으로 기록되어 있다. 키가 현행 척제(尺制)로 따지면 지나치게 작은데 아마도 옮겨 적는 과정에서의 잘못으로 보인다.

안용복이 '주인으로부터 전복을 잡아 바치라는 지시를 받고 울릉도로 출어했다'는 오카지마의 『죽도고』 기록에 근거하여 안용복을 서울에 거주하는 주인 오충추에게 어물을 상납해야만 했던 하인 신분으로 보고, 오충추는 서울에 살면서 동래를 거점으로 대일 무역에 종사했던 역관이거나 부상대고(富商大賈)였을 것이라는 추정이 있다(이준구, 「조선시대 울릉도·독도의 파수꾼 안용복」『영남을 알면 한국사가 보인다』 대구사학회편, 푸른역사, 2005). 오충추를 대일 무역에 종사했던 역관이나 부상대고로 볼 때, 오충추의 입장에서는 동래에서 능로군으로서 물길을 잘 알고, 일본어를 아는 자신의 사노, 외거노비 용복을 앞세워 동래 왜관과의 교역에 종사하였다고 볼 수 있다. 실제 『미암일기』나 『쇄미록』, 『묵재일기』, 『이재난고』 등을 보면 양반의 경우 노비를 앞세워 상행위를 하고 있다. 그런 면에서 이 주장은 상당한 설득력을 갖고 있다. 그러나 오충추가 서울에 살면서 동래를 거점으로 대일 무역에 종사했던 역관이거나 부상대고였다는 근거자료가 없다.

또 다른 연구에 의하면, 앞의 그림의 호패에 근거하여 안용복은 서울에 사는 오충추의 사노로 간주하면서 노비이기 때문에 미처 성도 없이 '용복(用卜)'이라는 이름만 가지고 있었던 것이라는 견해도 있다(송병기, 「안용복의 활동과 울릉도쟁계」, 『역사학보』, 192, 2006). 조선시대의 경우 노비는 성씨가 없지만 성씨가 있는 경우도 있다.

그렇지만 『죽도고』의 다른 기록에 의하면 안용복이 '안비장(安裨將)'이라고 한 진술 기록이 나온다. 오카지마는 "조선국 사람으로 안(安)씨 성이 많은데 안은 아마도 성이다"라고 추정하고 있다. 『숙종실록』이나 『승정원일기』에는 '안용복(安龍福)'이라는 기록이 나온다. 순흥안씨의 경우 안용복을 '순흥안씨'라고 한다. 역적으로 몰리면서 노비가 되었다고 한다. 순흥안씨 족보에는 안용복의 이름이 나오지 않는다.

일본의 1696년의 안용복 심문자료인 「원록구병자년 조선주착안 일권지각서(元祿九丙子年朝鮮舟着岸一卷之覺書)」에 의하면 또 다른 호패가 나온다. 그 호패에는 '통정대부'라고 새겨져 있고, '갑오년(1654)'에 출생했다고 되어 있다. 안용복은 통정대부가 된 적이 없다. 그래서 이 호패를 가짜로 여긴다.

1696년의 호패에 의하면 안용복은 1654년에 출생하여, 1693년에는 40세, 1696년에는 43세였다. 1693년의 『죽도기사(竹島紀事)』기록을 살펴보면, "박도라히는 34세, 안요쿠호키는 40세입니다. 그런데 이나바에서 43세라고 말한 것으로 되어 있지만, 이것은 말이 잘 통하지 않아 틀리지 않았나 생각됩니다"라 한 기록이 나온다. 아마도 안용복은 1654년에 출생하여, 1693년에는 40세, 1696년에는 43세였다고 보는 것이 타당하다.

1693년의 호패에는 36세가 되므로 이 호패도 가짜라고 생각된다. 『죽도고』에 기록된 호패의 신빙성에 의문이 간다. 그런 의문을 가진다면 안용복이 서울에 사는 오충추의 사노, 즉 외거노비였다는 사실도 역사적 사실일까? 그러나 현대사회의 경우 출생신고를 제때 안하면 처벌을 받지만 전근대 사회의 경우 유아 사망이 많으므로 출생신고를 제때 하지 않은 경우가 많다. 연령에 의해 이런 추정을 하는 것은 위험하다.

『숙종실록』(권48, 숙종 36년 3월 29일〈갑오〉)에 의하면 "예전부터 역관들이 물화가 있어 팔고자 하면 서울에 사는 사노로 핑계하고, 왜인으로 하여금 역관의 물건임을 알지 못하게 하였습니다"라는 기록이 나온다. 이 사료는 동래 부사 권이진이 변경의 일, 즉 동래 왜관에 관련된 일을 논한 장계의 일부이다. 이 자료에 의거한다면 안용복은 동래에 살고 있던 역관으로서 서울에 사는 오충추의 사노로 가탁하여 왜인과 사사로이 무역을 하는 잠상(潛商)이었을 가능성이 있다. 그렇기 때문에 안용복 호패도 가짜일 가능성이 있다.

울릉도 약수공원 '안용복 장군 충혼비'

지금의 경우 안용복을 '장군'이라고 한다. 안용복은 장군이 아니다. 1954년 부산의 애국단체인 대동문교회(大東文敎會)에서 '독전왕 안용복 장군'으로 추존식을 거행한 것이 안용복을 장군으로 칭하게 된 계기이다. 그 후 1957년 '안용복장군 기념회'가 발족하였고, 1966년 사단법인 '안용복장군기념사업회'가 만들어지게 되었다. 안용복장군기념사업회는 1960년 3월 『안용복 장군 약전』(500부), 『안용복장군-부 울릉도·독도의 내력(安龍福將軍-附 鬱陵島·獨島의 來歷)』(김의환 편집, 안용복장군기념사업회간)을 발간하였고, 1967년 부산 수영공원 내에 '안용복장군 충혼탑'을, 1971년에 울릉도에 다음과 같은 '안용복장군충혼비'를 건립하였다. 그것으로 인해 안용복을 '장군'으로 부른다.

안용복장군기념사업회는 수영공원에 안용복 장군의 사당인 '수강사(守疆祠)'를 건립하고, 충혼탑을 이건 건립함과 동시에 '안용복장군상(安龍福將軍像)'을 세웠다. 그 동상이 뒤의 사진이다.

부산 수영공원 '안용복장군상'

오른 팔에 일본 에도막부에서 발급한 서계를 높이 치켜들고 있고, 왼편에 긴 칼 차고 있는 장군의 모습이다. 1696년에 비변사에서 안용복이 심문받을 때 "근년에(1693) 내가 이곳에 들어와서 울릉도·자산도 등을 조선의 땅이라고 하고, 관백의 서계까지 받았다"고 하였다는 것을 근거로 이 동상을 만들었다.

성호 이익은 『성호사설』 울릉도조에 "안용복은 영웅호걸"이라고 하였고, "용복과 같은 자는 국가의 위급한 때를 당하여 항오에서 발탁하여 장수급으로 등용하고 그 뜻을 행하게 했다면, 그 이룩한 바가 어찌 이에 그쳤겠는가?"라고 하였다. 1954년 안용복을 장군으로 추존한 계기는 성호 이익의 이 기록에서 비롯되었다. 그렇지만 안용복은 장군이 아니다.

4
안용복이 살았던 시대

1) 고대~조선 초기에 울릉도·독도로 건너간 사람들

삼척, 울진 등의 동해안 지역에서 육안으로 울릉도를 볼 수 있고, 울릉도에서 바람 부는 날, 날씨가 맑으면 독도를 볼 수 있다. 그리고 독도에서 울릉도를 볼 수 있고, 울릉도에서 대관령을 볼 수 있다. 다음 사진의 경우 그 예이다. 사진 찍는 것보다는 눈으로 보면 더 선명히 보인다.

삼척 소공대에 바라본 울릉도(이효웅 제공)

울릉도에서 바라본 독도(동북아역사재단 제공)

독도에서 바라본 울릉도(동북아역사재단 제공)

울릉도에서 바라본 강원도(동북아역사재단 제공)

삼척, 울진 등지에 육안으로 울릉도를 볼 수 있고, 해류와 순풍을 타고 울릉도와 독도에 드나들기가 가장 좋은 지역이 삼척, 울진 지역이다. 고대부터 조선 세종조까지 울진과 평해와 삼척 지역 사람들이 울릉도와 독도에 드나들었다. 그렇기 때문에 『세종실록』「지리지」 울진현조에 "우산(于山=독도) 무릉(武陵-울릉도) 두 섬이 (울진)현의 정동 바다 가운데에 있다"고 기록되었다.

2) 조선후기 울릉도·독도 드나든 사람들 : 동남해 연안민들의 삶의 터전으로 확대

조선후기에 오면 울산, 부산, 전라도 동남해 연안민들이 울릉도·독도에 드나들었다. 1693년 안용복이 울릉도에 들어왔을 때 울산 배 1척(10명), 부산 가덕도 배 1척(15명), 전라도 배 1척(17명), 도합 배 3척, 42명이 출발하였다. 안용복은 부산 동래사람이지만 그의 어머니가 울산에 있었기 때문에 울산 배에 탔었다. 울산에 10명이 출발했지만 복통을 호소한 사람이 있어 영해에 내려주고 9명이 울릉도에 들어왔다. 그리고 1696년에 안용복이 재차 울릉도에 갔을 때 『원록9 병자년 조선주착안 일권지각서』에 의하면 배 13척이 들어왔다. 1693년의 울산 배 1척에 10명이 타고 있다면 1696년의 경우 배 13척에 최소 130명 이상이 된다. 1696년의 경우 울릉도에 최소한 130명이 들어왔다. 『죽도고』의 기록에 의하면 "1694년과 1695년에 배를 죽도에 보냈으나 조선인이 먼저 건너와 있었으며, 해마다 그 수는 증가하여 후에는 이쪽에 30명, 저쪽에 50명의 무리가 형성되어 방어를 엄중히 하고 있었다"는 기록이 있다. 숙종조를 전후해 많은 조선의 동남해 연안민들이 울릉도에 지속적으로 들어왔다.

조선 후기에 울릉도와 독도는 조선의 동남해 연안민들의 삶의 터전으로 확대되었다. 그렇지만 일본 오야·무라카와 가문은 교대로 통상 배 2척으로 50명 미만으로 울릉도에 드나들었다.

3) 안용복이 살았던 시대: 소빙기로 인한 대재난의 절정기

안용복이 울릉도·독도로 건너간 시기에 왜 울산·부산·전라도 동남해연안민들이 울릉도·독도로 드나들었을까? 안용복이 울릉도로 드나들었던 시기는 1592년의 '임진왜란'과 정묘호란(1627)·병자호란(1636)을 겪으면서 전쟁의 생채기가 깊게 드리워진 시기인 동시에 그 상흔을 극복하기 위한 노력이 한참 이루어진 시기이다. 그렇지만 1651~1700년 사이에 대기근과 전염병이 조선 전역을 휩쓸면서 농업을 기반으로 한 조선사회가 휘청거렸다. 대기근과 전염병은 이 시기 뿐만 아니라 17세기 내내 일어났고, 조선에 국한된 상황만이 아닌 전 세계적 현상이었다.

인류역사에서 17세기는 소빙기(小氷期)가 닥쳐 기상이변에 의한 한발, 폐농, 기근, 전염병 등의 대재난이 엄습한 시기였음은 이론의 여지가 없다. 다만 소빙기의 시기와 그 원인에 대한 진단에는 다양한 의견이 있다. 소빙기가 17세기에 국한된 것이 아니라 1450~1850

년의 400년간, 1500~1750의 250년간 일어났다는 주장 등이 있지만 소빙기가 절정에 이른 시기가 17세기라는 데는 이론이 없다. 소빙기의 자연재해 현상의 요인에 대해 태양흑점활동의 쇠퇴설이 주장되기도 하지만 다량의 운석형 유성의 낙하에 따른 현상, 즉 외계충격으로 인한 대재난설, 유별난 화산활동에 의해 생겨난 현상이라는 해석도 있다.

소빙기로 인해 잦은 가뭄과 홍수를 유발하는 일기불순이 장기간 반복하는 현상이 일어났고, 지구의 평균기온이 1~2도 내려가고 서늘한 여름과 한랭한 겨울이 지속적으로 생기면서 이상저온이 장기간 지속된다. 소빙기 기후는 식물의 성장기를 단축하고 경작지를 축소해 농산물의 생산을 감소시켰다. 소빙기의 자연이상현상으로 인해 농업이 심대한 타격을 입었다. 특히 여름철 저온 현상은 작물의 발육부진과 고산 농지의 폐기를 가져왔고, 겨울철의 혹한은 강과 운하의 결빙을 초래하여 교통을 마비시켰다. 여기에 더해 사람과 동물의 방역체계까지 흔들려 면역력을 크게 떨어뜨렸다. 그로 인해 우박·서리·때 아닌 눈 등 기온강하와 관련

되는 기상이변, 한발과 홍수, 해일·지진 등의 지상·해상의 재앙, 이로 인한 실농, 기근, 전염병·충해, 불황 등의 연쇄 고리 현상이 일어났다. 결국 반란, 전쟁, 혁명이 빈번하게 일어났다.

기후변동이 준 영향은 상공업 부면에서도 일어났다. 소빙기 시기에 유럽 상인들의 해상활동은 당시의 농업경제의 한계를 보충, 극복하려는 의지가 작용된 면이 없지 않으며, 그 수출입 상품 가운데 보온성이 높은 모직, 모피 등이 큰 비중을 차지하고, 면화재배와 면직물 보급이 활발하게 이루어졌다. 이 시기에 유럽에서 벽난로 공급이 늘어나고, 한국에서 전면 온돌이 보급되기 시작하였다. 유럽에서 프랑스, 독일 등 농업국가가 심대한 피해를 입은 반면 곡물 교역 등 국제교역에서 장점을 가진 네덜란드나 모직물 생산과 석탄광개발에 나선 영국이 경제적 우세국으로 변신하였다.

조선은 임진왜란 이전의 경우 1000만 명을 상회했던 조선 인구가 임진왜란으로 인해 조선 전체 인구의 1/3 가량이 사망하여 670만 명으로 급감하였다. 임진왜란과 양차의 호란을 겪은 뒤 국가재정의 긴축 운영,

절약·절검에 기초한 검소한 생활, 적극적인 경제정책 등에 의해 1630년대 중반에 경제적 번영과 사회적 활력을 이룩하였고, 인구가 1100만이 되었다는 연구가 있다. 그러나 17세기 후반 이후 소빙기 재난이 기승을 부려 조선 사회 전체가 엄청난 혼란을 겪었다. 1650년대와 1670년 전후, 그리고 1690년대 후엽의 대재난이 심각하였다. 특히 1670(현종 11;경술년)~1671년(현종 12년;신해년)의 '경신대기근'과 1695(숙종 21;을해년)~1696년(숙종 22;병자년)의 '을병대기근'의 재해는 냉해, 가뭄, 수해, 풍해, 충해 등 5대 재해가 겹쳐 흉작이 극심한 대재해였다. '경신대기근' 때 장선징은 "밝으신 상제께서 발끈 화를 내고 동녘 땅 수천 리에 참혹함을 내리어 반드시 1백만의 생명을 죽이려 한다"고 하였고, 6개월 뒤, 윤경교는 기근과 여역으로 떠돌다 죽은 사람과 고향에서 죽은 사람을 모두 합하면 그 수가 거의 1백만 명에 이르렀고, 둘이 하나 죽어도 모르고 먹는 상태로 내몰리었다고 하였다. 그로부터 30여 년이 경과한 1695~1699년에는 4년 가까이 지속된 초강력 재난으로 인해 전체 인국의 25~33%나 되는 400만여 명이 목숨을 잃었다는 연구가 있다. 소빙기 재난의 여진은 1700년대 초반까지 간헐적으로 지속되었다.

안용복이 울릉도에 들어간 시기인 숙종조는 대재난의 절정기에 해당한다. 기근·질병이 전국적으로 연속해서 음습함을 『숙종실록』에 잘 묘사하고 있다. 숙종 2년의 경우 "팔도가 흉년이 든 것은 예전에 없는 바"라고 하였으며, 그 이듬 해에도 "바야흐로 지금 괴상하고도 놀랍기만 한 재변이 다달이 생기다가 이번에는 요망한 혜성이 더욱 참혹한 이변을 보인다"고 하거나 "날이 크게 가물어 팔도가 함께 재해를 입었다"고 하였다. 그리고 숙종 12년에는 "금년 흉이황(凶異荒)이 경술년보다도 심하다"고 하였는데, 경술년(현종 11년;1670)의 경우 농민이 기근과 전염병으로 사망한 것이 온 나라를 통틀어 합하면 그 수가 거의 100만에 이를 것이며, 심한 경우에는 한 촌이 모두 죽는 경우가 상당수 있어서 비록 임진왜란 병화의 참혹함도 이보다는 지나치지 않았을 것이라고 하였다. 또 남인들이 집권하고 있는 기사년(숙종15; 1689)년부터 갑술년(숙종 20; 1694)까지 5년간은 거의 매년 흉년이 들지 않은 해가 없었다.

1690년(숙종 16) 심중량은 "서울에 올라올 때 지나온 대촌(大村) 10 중에 7·8은 비었고", "유민이 길에 가득하여 이 해의 흉년은 예전에 없던 것"이라고 하였다. 1693년, 1694년(숙종 18년, 19)도 자연적인 재해가 전국을 휩쓸고 있었다.

1694년(숙종 20), 갑술환국으로 소론이 정권을 장악하였지만 이때에도 자연재해는 끊이지 않았다. 1695년(숙종 21)부터 1699년(숙종 25년)까지도 연속해서 흉년이 들었다. 1695년에는 "크게 가물고 찬바람이 연이어 불고 서리가 자주 내려서 밀·보리는 싹을 피우지 못하고, 곡식의 파종이 늦어져서 드디어 크게 흉년이 들었다"고 한다. 그리하여 가을의 쌀 한 말 값이 50전에서 다음해 봄까지 200전으로 뛰어올랐다. 다음해인 1696년의 경우에도 아사자가 속출하는 현상이 계속되어 도성 내에서 동서활인원에 죽소를 마련하여 기민을 진휼하기까지 하였다. 3월의 기록에 의하면, "현재 진휼소에 나온 사람 수는 서울이 1만 명을 넘고 8도가 각기 수만을 헤아리는데 영남에서의 보고는 56만 여명으로 되고 있으며 사망자만도 전후 수만 명을 헤아린다"고

하였다. 전국이 대개 같은 현상이었지만 특히 관서지방의 기근이 더욱 심하여 사람고기를 먹는 사람이 나타나기까지 하였고, 함경도와 평안도 지방에 괴질마저 나타났다. 숙종 23년에 들어와서도 괴질로 인한 사망자와 아사자는 계속되어 사람이 사람을 잡아먹는 지경이었다. "이 해에는 팔로(八路)가 대기근이 들었다. 기호지방이 더욱 심하였으며 도성내에 쌓인 시체가 산과 같았다"고 하였고, 이듬해의 경우도 "성내의 누 만호에 아사자가 서로 상침(相枕)하고 있으며 기호와 타도도 마찬가지다"고 한 표현은 이 당시의 참상을 잘 말해준다.

기근이 발생하자 전국에서 유리걸식하는 백성들이 먹을 것을 찾아 꼬리를 물고 서울로, 서울로 모여들었다. 특히 1671년 1월에 도성 내외에 진휼소를 개설해 무료 급식을 시행하자 기아자들이 전국에서 구름처럼 몰려왔다. 이 때문에 서울의 전염병은 들불처럼 번져 병자가 거의 수천에 이르렀다. 전염병이 서울에 만연하자 1671년 2월에 현종이 감염을 우려하여 창덕궁을 떠나 경덕궁으로 옮기기까지 하였다. 이처럼 병을 피해 떠나는 사람들이 줄을 이었다. 서울의 관리들이 감염되어 장기간 결근하거나 병을 피해 사직하는 경우가 있었고, 청사가 텅빈 지방관청과 역참이 텅 비어 국가의 행정 공백과 교통·통신망이 마비되었다.

농업을 기반으로 한 조선사회에 17세기의 소빙기가 초래한 대재앙은 싹도 못나게 하는 봄 가뭄, 걷잡을 수 없는 여름 물난리, 냉해에 의한 농작물의 피해, 닥치는 대로 갉아먹은 병충해로 인해 대기근과 전염병으로 인해 토지를 이탈하는 농민이 대거 발생하였다. 결국 민의 유망이 격증하자 도적이 창궐하였다. '모이면 도적이 되고 흩어지면 백성이 된다(聚則盜 散則民)'는 말처럼 전근대의 군도(群盜), 즉 도둑은 기본적으로 백성, 곧 농민이다. 17세기의 대재난으로 인해 토지로부터의 유망도산을 필연적이다. 농민이 농토를 떠나면 그 사회는 붕괴할 수밖에 없다.

민은 서울과 상공업 지역에 들어가 새로운 삶을 개척하기도 하지만 절해고도, 심산유곡에 들어가 도적의 무리가 되어 이리저리 움직이기도 했다. 이들은 어떤 계기가 되면 일정한 근거지를 가진 채 조직화되면 군도로 변한다. 이들 유민을 심산유곡에 규합해 세력화하고 전통적 가치를 공허한 이념으로 돌리는 토착 농민과 재야 지식인들도 적지 않았다. 그 결과 각종 유언비어가 난무하는 가운데, 새로운 세상을 꿈꾸는 반란, 조직, 예언서, 도인이 주목을 받을 수밖에 없다. 혹심한 경신대기근 속에서 '금산반란'이 일어났고, 17세기 후반 숙종 대에 발생한 검계, 살주계, 미륵신앙의 유행, 장길산 도적·명화적의 출몰 역시 모두 연이은 대기근으로 인해 터진 것이다.

삶의 조건이 파괴된 상황에서 국가의 조세와 군역 부담을 피해 북방의 청과의 국경지대에 들어가는 사람들이 증가하고, 바다와 섬으로 진출하는 사람들이 증가하였다. 숙종 초부터 압록강·두만강을 사이에 두고 조선과 청나라 두 나라 사이에는 '범월(犯越)'로 인한 분쟁이 간단없이 진행되었고, 그 결과 1712년(숙종 38)에 백두산정계비가 세워졌다.

조선시대에는 먼 바다로 나가는 것을 금지한 정책 때문에 먼 바다와 섬으로 진출하는 것은 억지되었다. 그렇지만 17세기 대기근이 발생하면서 열린 공간인

바다로부터 민중의 질곡을 해방시키는 메시아를 염원하는 기원이 두드러진다. 숙종 때의 역모사건을 추국한 기록, 『함이완김인등추안인(咸以完金戭等推案人)』 및 『이영창추안(李榮昌推案)』 등을 보면 '해도중(海島中)'의 '정성진인(鄭姓眞人)'의 출륙을 맞이한다는 기록이 나온다. '해도중 정성진인'은 현실사회의 모순을 그들 자신의 힘으로 개변시켜 보려는 의적의 존재로 파악되기도 한다. 해도의 노비출신의 정진인의 존재는 당시 일반 하층 민중에게 깊고 광범하게 전파되어 있던 미래예언서로서의 『정감록』에 나타나는 인물, 바로 그 사람이다. 당시에는 『언서정감록』이 유행하였을 정도이므로 일반 서민들에게까지 정감록의 영향이 깊었다. 울릉도를 이상향인 '무릉도'로 여기고, 그곳으로 삶의 길을 찾아 떠난 사람들, 안용복을 따라 일본으로 간 박어둔이나 뇌헌 등과 같은 인물에게 안용복은 그런 인물로 비치었을 것이다.

민중의 질곡을 구원하는 메시아, 즉 '정진인(鄭眞人)'은 바다에서 온다. 이러한 시대적 분위기에 편승하여 『홍길동전』, 『허생전』이 만들어질 수 있었을 것이다.

당시 민들은 '정진인'의 출현을 바라기도 하고, 소출이 몇 배나 된다고 알려진 이상향을 찾아 바다로 항해하였다. 그것이 바로 울릉도와 독도행을 가져오게 하였을 것이다. 울릉도는 수령이 파견되지 않은 곳이다 보니 이상향인 '무릉도원'으로 비쳐졌을 것이다. 소빙기로 인한 자연재해 현상은 농업만이 아니라 어업에도 심각한 피해를 낳았다. "바닷가 고기 잡는 백성은 거의 남은 자가 없는데, 대개 이들은 고기를 잡아 살아가고 있는데 흉년에는 팔리지 않기 때문에 죽은 자가 더욱 많다"고 한 기록을 통해 울산, 부산, 전라도 등의 바닷가 어민들의 삶의 조건이 더욱 어려워졌음을 알 수 있다. 이러한 어려움을 타개하기 위해 조세수취가 부과되지 않는 울릉도 항해의 모험을 충분히 상정할 수 있다.

4) 일본 에도막부에서 '죽도도해면허'를 내린 까닭

일본 외무성 홈페이지 '죽도(竹島)' 사이트에 게시된 「다케시마 팸플릿」(2014.3월 제작)에서는 다음과 같이 기술하고 있다.

다케시마의 영유

1618년 돗토리번 호우키노쿠니 요나고의 주민인 오야 진키치와 무라카와 이치베는 막부로부터 울릉도(당시의 일본명 '다케시마') 도항 면허를 받았습니다. 그 후 양가는 교대로 매년 한 번 울릉도에 도항해 전복 채취, 강치 포획, 수목 벌채 등의 일에 종사했습니다.

양가는 장군가의 접시꽃 문양을 새긴 깃발을 배에 걸고 울릉도에서 어업에 종사하고, 채취한 전복은 장군가 등에 헌상하여, 이른바 이 섬의 독점적 경영을 막부 공인하에 행했습니다.

그 동안 오키에서 울릉도로 가는 뱃길에 있는 다케시마는 항해의 목표나 도중의 정박지로서, 또 강치나 전복 포획의 좋은 어장으로서 자연스럽게 이용되기에 이르렀습니다. 이리하여 일본은 늦어도 17세기 중엽에는 다케시마의 영유권을 확립했다고 생각됩니다.

또한 당시 막부가 울릉도나 다케시마를 외국 영토로 인식하고 있었다면, 쇄국령을 발해 일본인의 해외 도항을 금지한 1635년에는 이들 섬에 대한 도항을 금지했을[1] 것이지만, 그런 조치는 취해지지 않았습니다.

---

1) 1625년이라는 설도 있습니다.

그것은 거짓말이다. 지금의 경우 '다케시마(竹島)'는 독도를 뜻하지만 1905년부터 독도를 '다케시마(竹島)'라고 불렀다. 외무성의 팸플릿의 '다케시마'는 독도이다. 울릉도의 경우 옛날부터 일본에서 '이소다케시마(磯竹島)'라고 불렀다. 호(우)키노구니(백기국;伯耆國) 요나고(米子)의 상인인 오야 진키치(大谷甚吉)·무라카와 이치베(村川市兵衛)가 우연히 울릉도에 표류하였다. 그들은 조선의 동해안에 속하는 울릉도, 즉 기죽도를 알고 있었지만 1618년, 혹은 1625년경, 새로운 무인도인 황폐한 섬(폐도: 廢島), '竹島'를 발견하였다고 하여 에도막부에 죽도 도해 면허를 청하면서 "지금 허락한다면 오래도록 우리나라 땅이 될 것"이라고 하였다. 그로 인해 '죽도도해면허'를 발급받아 그들의 영지인 것처럼 행세하면서 다른 일본 어부들을 배제한 채 울릉도로 건너왔다. 외무성 팸플릿의 경우 '울릉도 도항 면허를 받았다'는 것은 거짓말이다. '도해면허'는 당시 '외국에 건너가는 것'을 면허해주는 허가증이었다. 외무성 팸플릿의 경우 "막부가 울릉도나 다케시마를 외국 영토로 인식하고 있었다면, 쇄국령을 발해 일본인의 해외 도항을 금지한 1635년에는 이들 섬에 대한 도항을 금지했을 것이지만, 그런 조치는 취해지지 않았습니다"라고 한다. 그렇지만 오야·무라카와 가문은 죽도를 그들의 영지라고 하면서 토관(土官=지방관)을 파견하였다고 거짓말을 했다보니 에도막부가 그것에 속아 쇄국령이 발행된 1635년, 죽도도해금지령을 내리지 않았다.

안용복과 관련된 일본 자료를 이해하려면 당시 일본의 에도막부의 막번제(막번제) 통치를 이해해야만 한다. 막부는 오늘날의 중앙정부, 행정부에 해당한다. 막부의 최고위직에는 쇼군(장군; 將軍)이 있고, 그를 보좌하는 4명의 노중(老中)이 있다. 노중이란 조선의 정승에 해당한다. 그 노중 아래 조선의 판서에 해당하는 봉행(奉行)이 있다. 봉행의 숫자는 35명 정도를 자신이 분장하는 업무를 수행하였다. 노중은 아래에서 설명하는 지방의 번주, 즉 다이묘(대명;大名)가 주로 임명되었다. 노중으로 임명된 다이묘들은 1~3개월씩 돌아가며 1명이 막부에 출근하여 업무를 수행하였다. 이를 '월번(月番) 노중'이라 불렀다. 쇼군과 다이묘가 쇼군을 중심으로 공존한다는 의미에서 이때의 정치체제를 '막번체

제'라고 부른다.

지방은 68국(國)으로 구분되었는데, 국을 '주(州)'라고도 불렀다. 이 국은 단순한 지방 구분일 뿐 그것이 통치 단위인 것이 아니었다. 실제의 통치단위는 그 '국' 아래에 있던 '번(藩)'이었다. 번에는 '번주(藩主)'가 있다. 그 번주 중에서 그 번의 크기가 곡물생산량 1만석 이상이어서 쇼군으로부터 그 번을 통치하도록 직접 인정받은 사람을 다이묘라고 부른다.

안용복이 도착한 이나바국(인번주; 因幡州)에는 돗토리번(조취번; 鳥取藩)을 비롯하여 6개의 번이 있었고, 호키국(백기주; 伯耆州)에는 요나고번(미자번; 米子藩)을 비롯한 5개 번이 있었다. 당시 대마도는 1국으로 취급되어 대마국(對馬國)으로 불리었으나 크기가 작았기 때문에 1개의 대마번(對馬藩)이 있었다. 그런데 호키국과 이나바국의 11개 번을 다스리는 다이묘는 안용복이 일본에 갔을 때 이케다 미츠나카(池田光仲)라고 불리는 한 사람이었다. 이처럼 2국 이상을 다스리는 다이묘는 이 당시 일본 전국에 모두 5명이 있었다. 이케다 미츠나카는 돗토리번만 직접 통치하고 나머지 10개 번에는 자신의 가족이나 가신들을 앉혔다. 울릉도에 출어하는 일본 어선들의 기지였던 요나고번은 가신 아라오 오오카즈(荒尾大和)에게 맡겨서 통치하였다. 번과 번은 형식상으로는 서로 독립적이고 대등한 것이나 다이묘가 돗토리번에 군림하는 이상 나머지 10개 번은 돗토리번의 영향하에 있게 되었다. 그래서 돗토리번의 수도인 돗토리성은 마치 호키국과 이나바국 전체의 수도처럼 역할하게 되었다. 호키국과 이나바국을 동시에 다스리는 이케다 미츠나카는 영지 내 곡물생산량이 32만 석으로 랭킹 10위의 커다란 다이묘였다. 가신 수가 총 430명이고, 에도에 있는 번 저택(이를 '옥부(屋敷)'라고 불렀다)은 4개의 건물에 65명의 가신이 근무할 만큼 그 규모를 자랑하고 있다. 조선과의 외교교섭을 하는 쓰시마국은 곡물생산량이 1만 6000석에 불과하였다. 조선과 에도 막부는 쓰시마번을 매개로 외교와 교역을 했다. 문서를 보낼 때도 쓰시마번을 통해야 했다. 또한 통신사가 파견될 적의 실무도 쓰시마번이 담당했다.

그렇지만 일본의 모든 지역이 번으로 조직된 것은 아니었다. 오키(은기; 隱岐)섬은 오키국이라고 불리었으나 막부의 직할지였다. 막부 직할지에는 번주(藩主), 번부(藩府), 번신(藩臣)이 없고 막부에서 직접 다스렸다. 이런 지역을 천령(天領)이라 불렀고, 그 다스리는 관리를 대관(代官), 그 대관의 집무소를 역소(役所)라고 불렀다. 대관이란 의미는 쇼군의 직할령에 대해 통치상 쇼군을 대신한다는 뜻이고, 역소란 집무실이란 의미이다. 당시 일본에서는 대관이 다스리는 천령이 전 국토의 10%정도였다.

5) 조선인들은 1692년에 울릉도에 처음 왔을까?

『죽도고』에 의하면 1692년에 조선인이 처음으로 죽도(울릉도)에 도래하였다고 한다. 일본의 오야 가문과 무라카와 가문이 교대로 울릉도에 들어왔다. 1692년의 경우 무라카와 이치베(村川市兵衛) 차례였다. 3월 27일 21명의 무라카와 가문의 어부들이 울릉도에 도착하였다. 그 곳에서 조선인 배 2척을 발견하였다. 한 척은 해변에 올려 있었다. 한 척은 바다에 떠 있었는데, 30명 정도가 타고 있었다. 그 배가 일본인의 배를 지나

쳐갔다. 그리고 해변에 있는 두 사람이 작은 배를 타고 일본 배를 지나갔다. 그 두 사람을 억지로 일본 배에 태우고, "원래 죽도는 대일본국의 장군님이 우리들에게 주신 곳으로 옛날부터 우리가 도해하던 섬이다. 그런데 감히 너희 같은 외국인이 도래하여 우리 일을 방해하였으니 전대미문의 괘씸하기 그지없는 일이다. 한시라도 빨리 이곳을 떠나라"라고 혼을 냈다는 기록이 있다. 그 두 사람 가운데 역자(譯者=통역)가 있었다. 통역은 "여기에서 북쪽으로 작은 섬 하나가 있다. 우리가 예전부터 우리 왕(國主)의 명령을 받아 3년에 한 번 그 섬으로 가서 전복을 잡아 바쳐왔다. 올 봄에도 그 섬으로 가고자 2월 21일 배 수십 척이 함께 본국을 떠났는데, 도중에 갑자기 풍랑이 일어 그 중 5척의 배에 탔던 선원 53인이 3월 23일 간신히 이 섬으로 흘러들어왔는데, 해안을 보니 전복이 많이 보이기에 심중에 다행이라고 여기며 기뻐하고 지금까지 머물면서 일을 하고 있는 것이다, 아무튼, 바다가 험했을 때 배가 조금 부서져서 고치고 있는데 다 고쳐지면 즉시 돌아갈 것이니, 그쪽도 어서 배를 대시오"라고 하였다. 역자가 울릉도에 표류하였다고 한 것은 무라카와 가문에 의해 조작되었을 가능성이 많다. 이 진술대로라면 조선의 어부들은 순순히 물러났을 것이고, 무라카와 가의 어부들이 울릉도에서 하등 어로활동을 그만 두고 귀국하였을 이유가 되지 않는다.

이 기록에 의하면 일본어를 아는 역자, 즉 통역이 있다고 하였다. 통역이 존재한다는 것은 이미 그전부터 울릉도에서 일본인과 만난 경험에서 비롯되었을 것이다. 통역의 존재를 통해서도 1692년에 조선인들이 처음으로 울릉도에 왔다는 것은 거짓말이다. 그리고 1692년에 조선인들이 처음 왔으면 일본의 배를 경계하였을 것이다. 그러나 조선인들의 1척의 배와 작은 배에 타고 있는 2명은 유유히 일본 배를 지나쳐갔다. 그런 점에서 울릉도에서 이미 그 이전부터 일본인의 오야·무라카와 가문의 어부들과 조선의 어부들이 어로활동을 하였을 가능성이 많다.

1692년 이전에 우리나라 사람들이 울릉도에 온 것은 사실이다. 1693년 울릉도에서 일본의 어부들에 의해 안용복·박어둔 납치사건이 일어나자 울산 사람이 경상감영을 통해 조정에 보고하였다. 보고를 받은 조정에서 동해안 수령을 지낸 사람을 통해 조사하였다. "경상도 연해의 어민들이 비록 풍파 때문에 무릉도에 표류했다고 하고 있으나 일찍이 연해의 수령을 지낸 사람의 말을 들어보니, 바닷가 어민들이 자주 무릉도와 다른 섬에 왕래하면서 대나무도 베어오고 전복도 따오고 있다 했습니다"(『비변사등록』 숙종 19년 11월 14일)라는 기록을 통해 조선 조정에서도 안용복·박어둔 납치사건 이후 경상도 수령의 보고와 동해안 포민(浦民)들의 말을 통해 바닷가 어민들이 자주 울릉도와 다른 섬에 왕래하면서 대나무도 베어오고 전복도 따오고 있었다는 것을 이미 인지하고 있었다. 조정에서 모르고 있었던 것은 먼 바다에 가는 것을 금지하는 '해금정책' 때문에 관에 알리지 않고 몰래 울릉도를 드나들었기 때문이다. 그것이 발각되면 표류에 의해 울릉도에 갔다고 둘러대었다.

안용복과 함께 울릉도에서 일본 어부들에 의해 일본에 납치된 박어둔은 3년에 한번 울산 사람들은 '국주(國主)의 용도'로 전복 채취를 하였고, 작년(1692)에도 울산 사람이 20명 정도 건너갔으며, 별도로 숨겨서 말할 것이 아니라고 하였다는 것은 울산 지역민들이 공공연히 울릉도, 독도에 드나들었다는 것을 알 수 있다.

안용복 납치사건이 일어나자 돗토리번이 에도막부에 1692년부터 조선인들이 처음으로 죽도에 들어왔다는 것을 보고하였다. 쓰시마번에서 동래왜관의 역관을 통해 조사해 1691년부터 왕래하였다는 것을 들었다. 그렇지만 '울릉도쟁계' 교섭에서 쓰시마번에서 '해마다' 조선인들이 들어왔다고 하였다. 그것은 쓰시마번에서 오야·무라카와 가문이 거짓말을 알아챘기 때문에 '해마다'라고 바꾸었다. 『죽도고』에 의하면 1692년에 조선인이 처음으로 죽도(울릉도)에 도래하였다고 한다. 그것은 왜일까? 오야·무라카와 가문이 평상시 조선에서 울릉도에 어채활동을 한 것을 본국에 알리지 않았고, 그들만이 어로활동을 독점한 것처럼 말하기 위해 에도막부에 호키국의 영지라고 하면서 토관이 파견되었다고 하여 거짓말 보고를 하였다. 그런 점에서 볼 때 오야·무라카와 가문은 1692년에 조선인들이 울릉도에 처음 어로활동을 하면서 충돌이 일어나게 되었다는 것을 말할 필요가 있었을 것이다. 그들의 보고 자료에 기초하여 『죽도고』에서 「조선인이 처음으로 竹島에 도래하다」는 편목을 만들었을 것이다.

5
1693년 일본 오야가의 어부들, 안용복·박어둔 납치사건

1) 안용복의 울릉도행

1693년 안용복은 울릉도에서 일본 오야가의 어부들에 의해 납치되면서 일본에 끌려갔다. 그 행적은 다음과 같다. 그렇지만 자료에 따라 일정이 틀린 부분이 많다.

(1) 안용복은 울산 배를 타고 울릉도에 들어왔다.

17세기 대재난이 일어나면서 조선의 동해에 속하는 울릉도에 조선인들과 일본인들이 서슴없이 들어왔다. 조선의 경우 임진왜란이 끝난 후 먼 바다와 섬의 항해

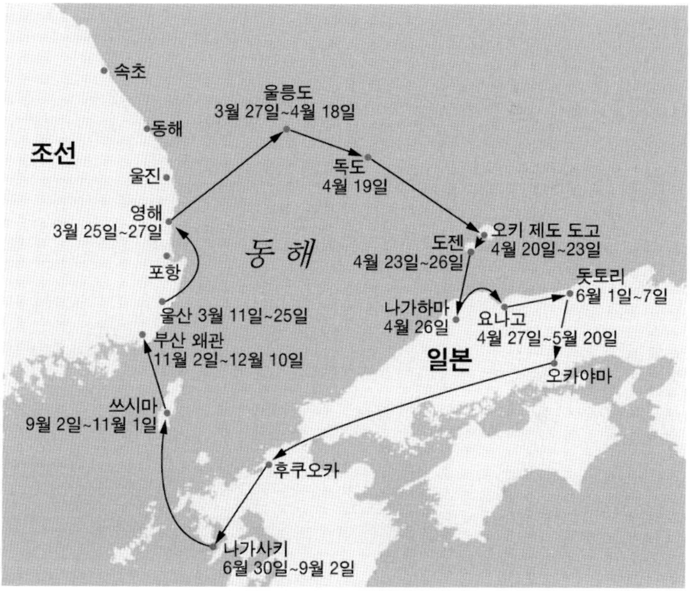

1693년의 안용복 행적

를 금지하는 해금(海禁)정책을 펼쳤고, 임진왜란의 기억이 남아 있었기 때문에 조선의 어민들은 먼 바다와 섬에 들어가지 않았다. 그렇지만 17세기 대재난이 닥치자 조선의 동남해연안민들이 지방관(수령)이 없는 울릉도로 들어갔다. 그것은 조세와 요역이 없었기 때문이다. 1693년 안용복의 진술에 의하면, 울산 배 1척(10명),

가덕도 배 1척(15명), 전라도 배 1척(17명), 도합 3척 42명이 울릉도로 출항하였다.

안용복의 일본 진술에 의하면, 안용복이 울산 배에 타서 1693년 3월 15일 울산을 출항하였고, 같은 날 부이카이(미상)에 도착하였다. 그 곳을 25일에 출발, 같은 날 영해에 도착하였다. 울산 배에 타고 있었던 사람은 10명이었다. 그 중 한 명이 몸져누운 탓에 영해에서 남겨두고, 9명이 영해에서 27일에 출발하여 울릉도에 도착했다. 그렇지만 울릉도에서 안용복과 납치된 박어둔은 귀국 후 동래부에에서 심문받았을 때 "울진에서 삼척으로 향하다가 표류해 이른바 죽도에 이르렀다"고 진술했다. 안용복은 영해에서 출발하였고, 박어둔은 울진에서 삼척으로 향하다가 표류해 울릉도에 도착하였다고 하였다. 그것은 앞에서 이야기한 것처럼 '표류했다'는 것은 거짓말이다. 죄를 모면하기 위해 표류했다고 한 것이다.

왜 부산 동래 사람인 안용복이 울산 배에 탔을까? 1696년의 안용복의 진술에 의하면 "저는 본디 동래에 사는데, 어미를 보러 울산에 갔다"는 기록이 있다. 아마 1693년에 안용복의 어머니가 울산에 살았을 가능성이 있다. 그렇기 때문에 울산 배에 타고, 울릉도로 건너갔다.

4월 18일까지 울릉도에 머물면서 작은 집(소옥; 小屋)을 짓고, 돈벌이를 위해 전복과 미역을 땄다. 4월 5일, 전라도 순천의 배 1척(17명 탑승)과 경상도 가덕도 배 1척(15명 탑승)이 울릉도에 도착했다. 도합 배 3척, 41명이 울릉도에 들어왔다. 울산 배의 경우 전년인 1692년에 왔던 자는 4명이었다.

(2) 1693년, 안용복은 울릉도에서 독도를 보았을까?

안용복은 21일 머무는 중에 동북에 있는 섬을 2번 보았다고 진술하고 있다. 그 섬을 아는 자가 '우산도'라고 하였다. 안용복은 "한 번도 가본 적이 없지만 하루 정도 걸리는 거리였다"고 진술하고 있다. 독도는 울릉도의 동남방향에 있으니까 일본의 연구자들은 울릉도의 바로 옆에 있는 '죽도(댓섬)'라고 한다. 우산도는 독도이고, 울릉도에서 죽도(댓섬)까지의 거리는 7km이다 보니 하루거리가 아니다. 울릉도에서 독도 가는 것은 하루거리이다. 안용복을 납치한 오야 가문의 배가 『인부역년대잡집(因府歷年大雜集)』에 의하면 "새벽에 송도(松島=독도)라는 곳에 도착했다"고 한 기록을 통해서도 울릉도와 독도까지의 거리는 하루거리였다. 안용복은 우산도가 동북방에 있다고 진술하고 있다. 조선시대의 지리지들은 방향표시와 거리를 표시할 때 '본읍'에서부터의 방향과 거리를 표시한다는 점을 염두에 두어야 한다. 안용복은 부산 동래에 산 사람이다. 부산에서 보면 독도는 동북방 방향에 있다. 안용복 납치사건이 일어나자 쓰시마 현지의 중신인 가로(家老)인 스기무라 우네메(杉村采女)가 부산의 왜관에 체재하고 있던 역관 나카야마 가헤에(中山加兵衛)에게 질문하였고, 나카야마 가헤이는 울릉도는 '우루친토'라 하고, "부룬세미는 우루친토보다 동북에 있어, 희미하게 보인다"고 보고하였다. 동북방에 있는 '부룬세미', 즉 독도는 부산에서 바라볼 때 울릉도를 지나 더 먼 곳으로 항해해야만 갈 수 있는 곳, 더 먼 동북방에 있는 섬이다. 안용복이 2번 바라보았던 동북방에 있는 섬, '우산도', 즉 '부룬세미'는 독도이다.

(3) 일본 오야가의 어부들에 의한 안용복·박어둔 납치사건

안용복이 타고 있던 울산 배는 울릉도에 1693년 3월 27일 도착하였고, 가덕도 배 1척과 전라도 배 1척이 4월 5일에 울릉도에 도착하였다. 안용복이 울릉도 갔을 때 일본 오야 가문이 울릉도에 갈 차례였다. 『죽도고』에 의하면, 오야 규에몬(大谷九右衛門)이 구로베(黑兵衛)와 히라베(平兵衛)를 선장으로 삼아 2월 15일 요나고(米子)에서 출발하여 3월 17일에 울릉도에 도착하였다. 그렇지만 『죽도기사』에 의하면 4월 17일 울릉도에 도착했고, 18일 안용복을 납치했다는 기록이 있다. 또 안용복의 진술에 의하면 4월 17일에 납치되었다고 한다. 『죽도고』에 의하면 조선인이 먼저 왔다고 한다. 3월 17일에 도착한다는 것은 이치에 맞지 않다. 아마 일본 오야가의 어부들은 4월 17일에 도착하였고, 4월 18일에 안용복을 납치하였을 것이다.

울릉도에서 오야가의 어부들의 안용복·박어둔 납치사건은 『죽도고』「오야의 선원들이 조선인을 잡아오다」의 기록에 다음과 같이 자세히 기술하였다.

조선인들이 도래했을지도 모르므로, 이에 곧 하마다포에는 들리지 않고 도센가사키(唐船ヶ崎)에서 닻을 내리고 먼저 본 섬으로 사람을 보내 돌아다니며 상황을 살피게 하였더니, 꽤 많은 전복과 미역이 널려있는 곳이 있었다. 또 그 주변에 다 떨어진 짚신이 벗겨져 있었다. 그것이 우리나라 것과는 다른 것으로 보아 의심할 여지가 없었으므로 우리 배보다 먼저 조선인이 도래한 것이므로, 어떻게 할까 의논하면서 시간을 보내고 있는데 이미 날이 저물어 어두워졌으므로 거기서 밤을 지새고, 그 다음날 아침에 선장 구로베와 히라베가 건장한 수부 5명과 함께 작은 배를 타고 먼저 니시노우라(西ノ浦)로 가서 조사하였는데 조금도 의심스러운 것이 없기에 기타우라(北浦)로 배를 돌렸더니 해변에 배 한척이 놓여 있는 것이 보였다. 그 가까이 가서 상황을 살폈더니, 임시로 만든 헛간 안에 있던 외국인 한 사람과 만났는데, 전복과 미역을 엄청 따 두었기에 어떻게 된 일이냐고 물었으나 말이 전혀 통하지 않았다. 이에 그 외국인을 우리 쪽 배에 태우고, 다이텐구(大天狗)라는 쪽으로 돌아갔더니, 외국인 10명 정도가 일을 하고 있기에 가까이 다가갔는데, 그 중에 통역이 있어서 앞서 태운 한사람은 배에서 내리게 하고 그와 다른 외국인 한 사람을 우리 배에 태우고,

원래 다케시마는 바다가 험한 곳이므로 언제 파도가 일지 몰라 급히 되돌아와서 두 사람의 이객을 본선으로 옮겼다. …우리 배 사람들이 상의하길, "작년에 조선인들에게 다시 오면 안된다고 단단히 일러두었는데 올 봄에 또 우리 보다 앞서 와서 일을 방해하니 언어도단도 이만저만이 아니다. 이대로 내버려 두면 결국엔 반드시 그들에게 우리 영지를 약탈당할 것이다. 이 두 사람을 데리고 가서 이 일에 대해 위에 자세히 말씀드리고, 막부의 결정을 기다리자"는 데 의견이 모아져, 18일 미시에 다케시마를 떠나, 같은 달 20일 오키국 도고의 후쿠우라에 도착하였더니, 운슈의 관청에서 즉시 선장을 불러, 이번에 조선인을 억지로 끌고 온 경위를 자세히 조사하고 일의 진상을 지면에 적어 내라는 지시가 있었다.

1692년에 조선인들이 도착하여 어로활동을 하면서 일본 무라카와 가문의 어부들이 중과부적으로 어로활동을 접고 일본에 귀국하였다. 무라카와 가문은 이 일을 오야 가문에 통보하였다. 그 때문에 1693년 울릉도에 도착한 오야 가문의 어부들은 울릉도에 직접 상륙

하지 않고 도센가사키(唐船が崎; 미상)에서 닻을 내리고 상황을 살폈다. 조선인 배가 먼저 도착한 것을 확인했으므로 그 다음 날 선장 구로베와 히라베가 건장한 수부 5명과 함께 작은 배를 타고 조선인 2명, 안용복과 박어둔을 납치하였다. 그렇지만 우리 측 자료에서 일본인 7, 8 명이 '조총과 칼을 들이대고' 안용복과 박어둔 두 사람을 납치하였다고 하였다. 4월 18일 울릉도를 떠나 20일 오키국(隱岐國) 도고(嶋後)의 후쿠우라(福浦)에 도착하였다. 그렇지만 『죽도기사』에 의하면 4월 17일 울릉도에 도착했고, 18일 납치했다는 기록이 있다. 안용복 일행이 3월 27일에 울릉도에 도착했던 걸로 보면 납치된 일자는 4월 18일이 맞다.

2) 1693년 일본에서의 안용복 행적

(1) 오키국(隱岐國)에서의 안용복의 행적

1693년 4월 18일에 안용복과 박어둔이 울릉도에서 일본의 오야 가문의 어부들에 의해 납치되어 4월 20일 오키도 후쿠우라(福浦)에 도착했다. 오키도는 오야·무라카와 양 가문이 울릉도로 도해할 때 바람을 기다리던 섬이고, 도해의 안전을 기원하는 신사(神社)까지 세웠다.

오키도에 있는 오키국은 에도막부의 직할지였다. 오키국의 번소(番所, 관아)에서 안용복·박어둔을 납치한 사공들은 1차 취조를 받았다. 번소는 사공들에게 조선인을 연행한 경위를 써서 제출하도록 요구하였다. 사공들은 조선인에게 직접 물으라고 하며 거부했다.

번소는 안용복 등을 심문하였다. 그 심문 기록을 보면 안용복은 '통역'이라고 하고, 박어둔은 '하인'이라고 하였다. 안용복은 일행의 이름이나 주소, 나이, 울릉도로 나간 경위 등을 대답했다. 안용복과 박어둔이 찬 호패가 필사되었다.

안용복은 울릉도에 간 목적을 삼계(三界)의 샤쿠완의 명령으로 전복이나 미역을 따기 위한 것이라고 진술했다. 울산의 경우 왕실 궁방의 곽전(藿田; 미역밭)이 있고, 진상품 가운데 전복이 포함되었다. 『죽도기사』에 의하면 안용복과 박어둔이 "이 섬(울릉도)으로부터 북쪽에 섬이 있는데 3년에 한번 국주(國主)의 용도로 전복 채취를 갔었다"고 진술한 것은 진상품 조달을 위해 울릉도와 독도로 드나들었다는 것을 증명한다.

정조 때 울산 사람이 병영의 전복을 캐는 공문(채복공문; 採鰒公文)을 지참하고 번번이 울릉도에 드나들었다는 것을 보면 1693년 안용복과 박어둔이 탄 울산 배가 '채복공문' 같은 서류를 받아 울릉도에 갔을 것이다. 그것 때문에 '국주의 용도로 전복 채취를 하였다'고 진술하였을 것이다. 그렇지만 안용복·박어둔이 일본 어부들에 의해 납치되자 울산 어부들이 경삼 감영에 보고하기를 표류해서 울릉도로 들어갔다고 하였고, 일본에서 돌아온 박어둔은 동래부 심문 때 표류해서 울릉도에 들어갔다고 거짓말을 하였다.

4월 23일에 안용복 태운 오야 가문의 배는 오키의 도젠(島前)으로 가고, 26일에 그곳을 출발하여 이즈모국(出雲國)의 나가하마(長浜)를 들렀다가 27일에 요나고에 도착하였다.

(2) 돗토리번(鳥取藩)에서 안용복의 행적

4월 27일 안용복·박어둔 등은 돗토리번 호키국의 요나고에 도착하였다. 조선인 연행에 관한 보고는 요나고 성에 체재하고 있던 가로(家老; 가신 중의 우두머리) 아라오 슈리(荒尾修理)를 통해 번청이 있는 돗토리부(鳥取府)에 4월 28일에 전해졌다. 번청은 번주가 체재하는 에도의 돗토리번저로 파발꾼을 보내는 한편, 안용복·박어둔을 오야 규에몬 집에 감금시켰다. 파발꾼은 5월 9일에 에도 번저에 도착했다. 다음 날에 번저의 문역(聞譯)인 요시다 헤이마(吉田兵馬)가 막부의 최고 실무 책임자인 월번노중(月番老中)인 스치야 사가노카미(土屋相模守)에게 조선인 진술서와 오야 사공의 진술서를 가져가 이 사건을 보고하고 사건의 처리 방법을 물었다. 에도시대의 경우 정치의 실무는 도쿠가와 장군에 직속되는 4, 5명의 노중이 매월 교대로 맡았다. 당번인 노중은 한 명으로, '월번노중'이라고 불렀으며 실질적인 책임자였다.

노중의 지시는 5월 13일에 에도의 돗토리 번저에 전해졌다. 그 내용은 조선인을 외국과의 통상을 다루는 나가사키 봉행에게 넘기라는 것이었다. 노중의 지시대로 에도의 돗토리 번저는 나가사키 봉행에 보낼 서한과 나가사키로 가는 사자가 가져갈 구상서를 5월 16일에 작성해 5월 26일에 돗토리번청으로 전해졌다. 그 구상서 가운데 돗토리번이 노중에게 제의한 내용이 들어 있었는데, 그 내용은 "금후 조선인이 죽도로 오지 않도록 하고 지금처럼 죽도의 전복을 노중에게 헌상하고 싶다는 제의를 노중이 들어 주었다"고 적혀있다.

조선인을 외국과의 통상을 다루는 나가사키 봉행에게 넘기라는 노중의 지시가 5월 13일에 에도의 돗토리 번저에 전해졌다. 노중의 뜻을 전하는 에도 번저의 파발꾼은 5월 26일에 돗토리 번청에 전달되었다. 그 내용은 조선인을 외국과의 통상을 다루는 나가사키 봉행에게 넘기라는 것이었다. 돗토리번청에서 긴급회의를 열어 안용복 등을 나가사키로 육로로 보내기로 결정하면서 안용복 등을 돗토리 성 밑에 있는 마을(城下)에 이송하였다. 이송 때에는 조선인이 난폭한 짓을 할지도 모른다는 이유에서 함부로 구경하러 나가지 말라는 명령이 내려졌다. 그때까지 안용복은 요나고의 오야 저택에서 외출을 금지당하고 감금 상태가 한 달 이상 지속되었기 때문에 소란을 부릴 수가 있었기 때문이다.

6월 1일에 안용복 등은 이나바국(因幡國)의 돗토리 성하에 도착해 6월 7일에 나가사키로 출발했다.

5월 13일, 조선인을 나가사키 봉행에게 넘기라는 노중의 지시가 에도의 돗토리 번저에 전해짐과 동시에 에도의 쓰시마 번저에 전해졌다. 그 내용은 "작년에 조선인이 죽도라고 하는 곳에 어로를 한다고 하여 건너 온 것을 마쓰다이라 호키님(松平伯耆守)이 보고 다시 오지 못하도록 일러두었는데, 올해 또 조선인 40명 정도가 건너와서 어로를 하였으므로 그 중 두 사람을 잡아서 장군님의 지시를 바랬으므로, 나가사키(長崎) 봉행소(奉行所)로 보내어 쓰시마로 보내도록 하라는 말씀이 계셨다. 자세한 것은 나가사키 봉행소에서 말해 줄 것이고 향후 건너오는 일이 없게 하도록 하라는 뜻을 쓰시마에 전하라"고 명하였다.

왜 에도막부는 쓰시마번에 향후 조선인 어부들이 '본국의 죽도'에 들어오지 말라는 것을 요구했을까? 오야, 무라카와 두 가문은 죽도가 마치 자기의 영지인 것처럼 행동하였다. 오야, 무라카와 가문으로부터 매년 전복 등을 진상받았던 에도막부는 1693년에 안용복·박어둔 납치 사건이 생기자 당연히 안용복·박어둔이 호키국의 영지를 침범한 것으로 여겼고, 그런 인식하에 쓰시마번에게 '본국의 죽도'에 조선인들이 어로활동하지 말 것을 교섭하도록 서슴없이 지시하였을 것이다. 오야와 무라카와 가문이 그간 죽도에 관해서 에도막부에 거짓말을 하였다는 것을 다음의 자료를 통해서도 확인된다.

> 계유년(숙종 19) 봄에 울산의 고기잡이 40여 명이 울릉도에 배를 대었는데, 왜인의 배가 마침 이르러, 박어둔·안용복 2인을 꾀어내 잡아서 가버렸다. 그 해 겨울에 대마도에서 정관(正官) 귤진중(橘眞重)으로 하여금 박어둔 등을 거느려 보내게 하고는, 이내 우리나라 사람이 죽도에 고기 잡는 것을 금하기를 청하였는데, 그 서신에 이르기를, "귀역(貴域)의 바닷가에 고기 잡는 백성들이 해마다 본국의 죽도에 배를 타고 왔으므로, 토관(土官)이 국금을 상세히 알려 주고서 다시 와서는 안된다는 것을

굳이 알렸는데도, 올봄에 어민 40여 명이 죽도에 들어와서 난잡하게 고기를 잡으므로, 토관이 그 2인을 잡아두고서 한때의 증질(證質)로 삼으려고 했는데, 본국에서 번주목(幡州牧)이 동도(東都)에 빨리 사실을 알림으로 인하여, 어민을 폐읍(대마도)에 맡겨서 고향에 돌려보내도록 했으니, 지금부터는 저 섬에 결단코 배를 용납하지 못하게 하고 더욱 금제를 보존하여 두 나라의 교의로 하여금 틈이 발생하지 않도록 하십시오."하였다.(『숙종실록』 권 26, 숙종 20년 2월 23일〈신묘〉)

쓰시마의 정관 귤진중이 안용복·박어둔을 동래로 데리고 와서 조선의 어민들이 '본국(일본)의 죽도'에 건너오지 못하도록 요구를 한 기록이다. 여기에서 죽도에 건너온 조선의 어부들에게 토관이 국금을 상세히 알려주었음에도 불구하고 1693년에 다시 오자 토관이 2명을 증질로 삼고자 하였다고 한 기록을 통해 그간 오야, 무라카와 가문은 죽도가 자기들의 영지인 것처럼 행세하면서 지방관, 즉 토관을 파견한 것으로 행세하였음을 알 수 있다. 또 안용복·박어둔을 납치한 후 영지를 침입한 조선인을 토관이 잡아왔다고 하였다. 그런 거짓 보고를 받은 에도막부는 '죽도'가 조선의 '울릉도'인줄 모르고 쓰시마에서 명령을 내려 '본국의 죽도'에 조선인들이 어로활동을 하지 못하도록 요청하는 서계를 조선정부에 보내도록 명하였다.

6월 3일, 에도 막부의 명령이 쓰시마번에 전해지자 에도막부에 올린 복명서에서 쓰시마번은 "나가사키 봉행소에 보낸 사람들을 받아 돌려 보내면서 향후 다시 오지 못하도록 조선국에 말해두라고 하신 명령은 잘 받들겠습니다"라고 하였다.

그 사이에 에도 막부는 돗토리 번저에 죽도 도해에 관한 질문을 했다. 돗토리번저는 6월 8일, 6월 27일 회답서를 제출했다. 두 번에 걸친 회답서에서 첫째, 죽도 도해 면허는 아베 시로고로(阿部四郎五郎)의 알선으로 노중의 봉서를 받아 행하였다고 하였다. 둘째, 오야·무라카와 가문이 도쿠가와 장군 가문의 문장을 배에 세우고 죽도 도해를 했었다는 것을 밝혔다. 그 문장 덕분에 조선에 표류했을 때 쉽게 일본 배임을 알고 쓰시마를 통해 송환되었던 것을 밝혔다. 셋째, 돗토리번이 막부에게 전복 헌상은 죽도의 전복이었다는 사실 등이 적혀 있었다. 돗토리번은 회답서를 통해 에도막부에 죽도에 조선인의 왕래 금지를 요청하였다는 것을 납득시키고자 하였다. 그러나 회답서 중에 "죽도는 이도(離島)로서 사람이 거주할 수는 없다. 그렇다고 해서 호키노카미(백기수; 伯耆守)가 지배하는 땅도 아니니다"라고 하여, 죽도는 돗토리번의 지배지가 아니라고 하여 앞의 내용과 모순이 된다.

(3) 나가사키(長崎)에서의 안용복 행적

6월 7일에 돗토리번의 사자 일행 10여명이 안용복과 박어둔을 육로로 가마에 태워 이나바를 출발하여 6월 30일 나가사키에 도착했다. 그 이튿날 쓰시마번에서 온 사자가 안용복과 박어둔을 심문했고, '조선인 2인 진술'이 아래와 같이 만들어졌다.

1. 조선국 경상북도 동래군 부산포의 안요쿠호키(안용복)와 울산의 박토라히(박어둔)라는 자입니다. 우리들은 울산이라는 곳에서 죽도라는 곳으로 전복이나 미역을

따라 3월 11일에 출범해 25일에 영해(寧海)라는 곳에 도착했습니다. 영해를 27일 아침 진(辰)시에 출발해 유(酉)시에 죽도로 도착했습니다. 전복이나 미역을 따려고 머물고 있었는데, 일본인이 4월 17일에 우리들이 있는 곳에 와서 옷과 보따리를 가지고 우리 둘을 그들의 배에 태우고 즉각 오(午)시에 출범하고, 돗토리에는 5월 1일 미(未)시에 도착했습니다. 항상 다케시마에는 전복이나 미역이 많이 있다고 들었습니다. 한 배에 열 명이 타고 영해까지 왔는데 10명 중의 한 사람이 병들었으므로 영해에 내려두고 아홉 명이 타고 다케시마로 왔습니다. 열 명 중 아홉 명은 울산사람 한 명은 부산포 사람입니다.

1. 우리들이 탄 배와 유선(類船)은 세 척이고, 그 중 한 척은 전라도의 배라고 들었습니다. 그 인원은 17명이 타고 있다고 했습니다. 다른 한 척은 15명이 탔고 경상도의 가덕(加德)이란 곳의 사람들이라고 들었습니다. 우리는 일본 배에 잡혀 왔으므로, 그들이 즉각 조선에 돌아갔는지 전후의 일은 모릅니다.

1. 이번에 우리가 전복을 따러 온 섬은 조선국에서는 무루구세무라 합니다. 일본 땅 죽도라고 불린다는 것은 이번에 알았습니다.

1. 이번에 여기까지 올 때 경호하는 사람들에게 접대를 잘 받고 왔습니다. 옷감이나 목면, 의류 등도 받았습니다. 상세한 것은 이나바에서 구상서에 말한 바와 그대로입니다.
1. 우리들은 언제나 좋은 운수를 빕니다.
1. 바쿠토라히는 34세, 안요쿠호키는 40세입니다. 그런데 이나바에서 43세라고 말한 것으로 되어 있지만, 이것은 말이 잘 통하지 않아 틀리지 않았나 생각됩니다.

안용복은 진술 중에서 나가사키로 이동 중의 대우에 만족했고, 안용복이 전복을 딴 섬을 '무루구세무'라고 부르고 있으나, 그것이 일본에서 '죽도'라고 불리고 있다는 것은 이번에 처음 알았다고 말했다.

안용복과 박어둔의 진술이 돗토리번의 구상서와 어긋나는 점이 없다는 것이 확인되었으므로 안용복 등은 쓰시마번의 하마다 겐베에게 맡겨졌다. 그러나 막부의 명령이 있을 때까지 안용복 등을 쓰시마번에 이송하는 것은 보류되었다.

(4) 쓰시마번(對馬藩)에서의 안용복

6월 3일, 에도 막부의 명령이 쓰시마번에 전해지자 에도막부에 올린 복명서에서 쓰시마번은 "나가사키 봉행소에 보낸 사람들을 받아 돌려 보내면서 향후 다시 오지 못하도록 조선국에 말해두라고 하신 명령은 잘 받들겠습니다"라고 하였다. 그렇지만 에도막부의 명령을 접한 쓰시마번은 즉각 죽도에 관한 사실의 조사에 착수하였다. 그것은 안용복·박어둔 납치사건에 대한 많은 의문을 품고 있었기 때문이다.

쓰시마번의 수석 가로인 스기무라 오네메는 죽도에 대한 조사를 위해 6월 5일, 부산 왜관에 있는 통역인 나카야마 가베에(中山加兵衛)게 다음과 같이 질문하였다.

> 동 죽도는 조선에서는 부룬세미라고 한다고 했는데, 죽도라고 쓰고 조선음으로 부룬세미라고 부르는 것인가. 부룬세미라고는 어떻게 쓰는가, 울릉도라고 하는 섬이 있다. 이것을 백성들이 말 할 때 부룬세미라고 부르지는 않는가. 일본에서는 울릉도를 이소다케(磯竹)라고

한다. 울릉도와 부룬세미는 서로 다른 섬인가, 부룬세미를 일본인이 죽도라고 부른다는 것은 누가 한 말이라고 하는가.

동 죽도에는 재작년에 처음 도해하였는가, 이전부터 도해한 것을 숨기고 재작년부터 도해하였다고 말하는 것인가. 조선인들이 돈을 벌기 위해 몰래 도해하였다고 하는 것인가. 또는 장군(역자주: 왕)의 지시가 있어 도해한 것인가. 올해에도 거듭 도해하는 것인가.

동 죽도에는 일본에서 12단(端) 크기의 돛단 배 3척이 매년 도해하였고, 그 섬에 나가고야(長小屋)를 서너 채나 지어두었다는 말을 해 왔는데 그 말 그대로인가. 일본인이란 어느 지역 사람들인가.

동 죽도는 조선국의 어느 쪽에 있으며 어디서 어떤 바람이 불면 배를 타는가라는 것, 어느 정도 거리이며 크기는 어느 정도 되는가. 그 나라의 어느 쪽에 있으며 거리는 어느 정도 되는가. 귀하가 보낸 구상서(口上書)에 써여져 있기는 하나 지금 한 말을 명심해서 보고할 것.

위의 건들에 대해 상세히 알고 싶어 하시는 것 같으므로 장군님에게도 보고할 일이므로, 잘 알고 있는 조선인에게 비밀리에 물어보아서 빨리 서신을 보내 줄 것. 확실치 않은 주민들의 말일지라도 들은 대로 적은 서신을 보내 줄 것. 이 건에 이와 같이 요청함.(『죽도기사(竹島紀事)』 겐로쿠(元禄) 6년(1693) 8월 23일)

돗토리번에서 본국의 죽도에 조선인을 못 오게 하라는 청원과 그에 대한 에도막부의 명령에 대해 쓰시마번이 그간 파악한 정보와는 다른 부분이 있었기 때문에 그것의 확인을 위해 왜관에 있는 통역인 나카야마 가베에(中山加兵衛)에게 질문하게 되었다고 볼 수 있다. 당시 쓰시마번은 '죽도'가 조선에서 '부른세미'라고 부른다는 것을 들었고, 또 일본에서 '이소다케시마'라고 하는 '울릉도'라고 생각하였기 때문에 죽도=울릉도=부른세미인가를 확인하고자 하였다. 그것을 문의한 이유는 돗토리번의 오야, 무라카와 가문이 돗토리번을 통해 에도막부에 보낸 문건과 쓰시마번에 보낸 문건에서 죽도를 자신들의 영지라고 주장하여 논리를 편 것에 대해 그것이 조선의 울릉도가 아닌가 하는 의문을 갖고 있었기 때문이다.

그와 함께 쓰시마번은 돗토리번의 오야, 무라카와

가문이 작년, 즉 1692년에 죽도에 처음 건너온 것으로 주장했지만 재작년, 즉 1691년에 처음 도해하였다고 파악하고 있었기 때문에 그것의 확인, 그리고 그 이전부터 도해한 것을 숨기고 재작년에 도해하였다고 말하는가에 대한 확인을 하고 싶어 했다. 이 경우 몰래 도해한 것인가. 장군의 명령에 의한 것인가에 대하여 조사해주기를 바랬다. 그리고 조선에서 죽도까지의 방향과 거리, 해로 등에 대한 답변까지 요구하였다.

쓰시마번은 죽도가 조선의 울릉도라는 기본적 시각을 갖고 조선에서 울릉도로의 도해 시기, 상업적 목적인가? 아니면 국왕의 지시에 의한 것인지 관에 알리지 않고 몰래 간 것인지를 소상하게 파악하고자 하였다. 그것은 조선과 일본 사이에 새로운 교역의 장소로서 울릉도가 이용될 것인가에 대한 파악에 초점을 두고 있다. 지금까지 쓰시마번이 조선정부와 에도막부의 외교적 교섭과 교역의 창구였기 때문이다. 안용복의 울릉도행이 조선-동래왜관-대마도-일본 에도(江戶)와의 루트에 치명적 타격을 줄 것이라는 점을 쓰시마번이 염려하고 있음을 알 수 있다. 쓰시마번에서 '울릉도쟁계'

를 일으켜 집요하게 울릉도를 자기네 땅이라고 한 것은 조선과 일본에서 새로운 교역의 루트를 개발하는 것을 원천봉쇄하고자 하는 의도에서 나온 것이라고 볼 수 있다.

6월 13일, 부산 왜관에 있는 통역인 나카야마 가베에(中山加兵衛)과 다음과 같이 답변하였다.

> 동 올해도 돈을 벌기 위해 부산포에서 장삿배 3척이 죽도로 건너갔다고 하는 말을 들었으므로 한비차구라는 부산의 조선인을 껴서 두루두루 자세히 듣고 바닷길에 대한 것까지 유념하라고 일러서 함께 보냈으니 돌아오는 대로 자세히 듣고 말씀드리겠습니다. 먼저 대강의 것에 대해 쓴 서신을 덧붙여 올립니다.

구상지각서

> 동 부룬세미는 다른 섬입니다. 자세히 조사했더니 우루친토라는 섬입니다. 부룬세미는 우루친토에서 아스라히 보이는 섬입니다. 부룬세미는 우루친토에서 북동쪽으로 아스라히 보인다고 들었습니다.

동 우루친토의 크기는 하루 반나절 도는 정도의 크기라고 합니다. 원래 높은 산으로서 전답과 큰 나무가 있다고 들었습니다.

동 우루친토에는 강원도내 '에구하이'라는 포구에서 남풍을 타고 간다고 들었습니다.

동 우루친토로의 왕래는 재작년부터라는 것에 틀림이 없습니다.

동 우루친토로의 도해는 장군(역자주: 왕)에게 알리지 않고 자기가 돈을 벌기 위해 몰래 도해하는 것입니다.

위의 외의 것에 대해서는 한비차구가 돌아오는 대로 자세히 듣고 거듭 자세한 것을 말씀드리겠습니다.(『죽도기사(竹島紀事)』 겐로쿠(元禄) 6년(1693) 8월 23일)

동래 왜관의 나카야마 가베에가 쓰시마번에 올린 구상서에 의하면 죽도는 부룬세미가 아니라 우루친토이고, 부룬세미는 북동쪽에 있는 아스라이 보이는 섬이라고 하였다. 또 죽도, 즉 우루친토에 왕래하는 것은 재작년, 즉 1691년부터이고, 자신들의 벌이를 위해 몰래 갔으며, '올해도 그 섬에 벌이를 위해 부산포에서 장삿배가 3척 나갔다고 들었다'고 하였다. 안용복이 이 해에 배 3척이 울릉도에 갔다고 한 것과 일치하고 있다. 그것을 '장삿배'라고 한 것으로 보아 안용복의 울릉도행은 상행위를 목적으로 하고 있었음을 쓰시마에서는 판단하였을 것이다.

안용복의 울릉도행이 조선-동래왜관-대마도-일본 에도(江戶)와의 루트에 치명적 타격을 줄 것이라는 점을 쓰시마번이 염려하고 있음을 알 수 있다. 쓰시마번에서 '울릉도쟁계'를 일으켜 집요하게 울릉도를 자기네 땅이라고 한 것은 차제에 안용복 같은 조선의 무역상들이 조선과 일본에서 새로운 교역의 루트를 개발하는 것을 원천봉쇄하고자 하는 의도에서 나온 것이라고 볼 수 있을 것이다.

1693년 8월 13일에 에도 막부에서 조선인을 쓰시마번으로 넘기라는 명령이 내려졌으므로, 9월 2일에 안용복 등은 쓰시마번으로 보내졌다. 9월 4일, 안용복은 바로 쓰시마번의 조사를 받았다. 그 때의 안용복의 공술 내용은 나가사키에서의 '조선인 2인 진술'과 대부분 비슷하지만 다음과 같이 새로운 진술이 더해졌다.

울산 배에 탄 안용복 이외는 울산 출신 9명은 이름을 말하고, 영해와 무루구세무(무릉도)간의 거리는 50리(200km)이라고 진술하였다. 작년, 울산의 긴바타이 등 20명이 무루구세무 섬으로 건너갔고, 이번에는 긴바타이의 안내로 왔고. 경상도 가덕의 배는 두 명이 예전에 온 적이 있다고 하였다. 그리고 무릉도가 일본 것인지, 조선 땅인지는 전혀 모른다고 하면서 일본에 건너가서 일본 땅이라는 것을 처음 들었다고 진술했다.

동래 왜관의 나카야마 가베에가 쓰시마번에 올린 구상서에 의해 죽도가 울릉도임을 확연히 알게 된 쓰시마번은 안용복을 심문한 직후 9월 4일 쓰시마번 내부에서 사태를 논의하였다. 전 번주 소 요시자네(종의진; 宗義眞)는 "죽도는 '기죽도(울릉도)'라고 부른다"는 것을 상기하고, 1620년, 기죽도에 이소다케 야자에몬(礒竹弥左衛門)과 닌자에몬(仁左衛門)이 거주하고 있던 것을 막부의 명령에 의해 쓰시마에서 체포하여 바친 적이 있다는 것을 예로 들어 "죽도를 일본의 호키(백기; 伯耆)에 속한 섬이라고 막부가 생각했다면 호키의 영주에게 야자에몬과 닌자에몬을 체포하여 바치라는 명령이 내려져야 하는 것이거늘 쓰시마에 명령을 내린 것은 조선에 속하는 죽도로 생각한 것이라고 보이므로 위의 전말을 일단 막부에 문의하여 막부의 의향이 반드시 확인한 뒤에 조선과의 교섭에 들어가야 되는 것이 아닌가"라는 신중론을 펼쳤다.

번 수뇌부들의 논의는 '막부의 명령이라고 하면서 조선에 전달한다면 틀리거나 어려움에 처할 일이 없었을 것'이라고 하면서 참판사(參判使)를 파견하기로 결정하였다. 대차사(大差使), 또는 대차왜(大差倭)는 일본의 막부장군(幕府將軍) 또는 그 명을 받은 쓰시마번주가 특별한 임무의 수행을 위해 파견한 일본이 보낸 임시 외교사절을 지칭하는 용어로서, 예조참판에게 보내는 서계를 지참하므로 일본에서는 '참판사'라고 부른다.

(5) 안용복은 에도(江戶)에 갔을까?

『숙종실록』에 안용복이 에도로 갔다는 기록이 있다. 1694년 8월 14일, 남구만이 에도로 끌고 간 안용복을 에도의 대군(장군)이 후하게 접대한 것을 감사하는 쓰시마번 앞으로 보낸 서간에 아래와 같은 내용이다.

> 이번에 우리나라 해변의 어민들이 이 섬(울릉도)에 갔는데, 의외에도 귀국 사람들이 멋대로 침범해 와 서로 맞부딪치게 되자, 도리어 우리나라 사람들을 끌고서 강호(江戶)까지 잡아갔습니다. 다행하게도 귀국 대군(大君)이 분명하게 사정을 살펴보고서 넉넉하게 노자를 주어 보냈으니, 이는 교린(交隣)하는 인정이 보통이 아님을 알 수 있는 일입니다. 높은 의리에 탄복하였으니, 그 감격을 말할 수 없습니다.(『숙종실록』 권27 숙종 20년 8월 14일)

쓰시마번은 남구만의 서한을 받은 직후 『죽도기사』 기록에서 "인질 두 명은 에도(江戶)로는 안 갔지만 (조선의) 서한에 이렇게 기재된 것은 두 명이 나가사키를 에도로 착각해 조선에서 돌아가서 에도에 보내졌다고 말했기 때문입니다"라고 하여 안용복 등이 나가사키를 에도로 착각했다고 생각했다. 그렇지만 『기죽도각서』

에는 쓰시마번주의 후견인 소 교부타이후(宗刑部大輔)가 1695년 12월에 에도로 갔을 때, 제출한 '구상지각(口上之覺)'에서 "재작년에 죽도에서 붙잡은 조선인 2명을 그 나라로 돌려보냈는데, 어민들은 이나바부(因幡府)를 에도라고 생각했습니다. 그들은 동부(東部; 에도)에서 나가사키까지 가는 도중에 좋은 접대를 받았는데, 쓰시마노카미(對馬守)에게 간 이후 경호를 엄하게 받으면서 송환에 이르게 된 일에 대해서는 상부의 생각과는 달리 쓰시마노카미의 사견으로 이렇게 다루어졌다고 생각하는 것입니다. 이로 인해 그 나라에서는 다시는 죽도로 조선인이 가지 않도록 요청한 것도 쓰시마노카미의 사견으로 요청한 것이라고 그릇된 추측을 하고 있다고 들었습니다."라고 하여 이나부를 에도로 착각하였다고 하였고, 죽도에 조선인이 오지 않도록 한 것도 에도막부의 명령이 아니라 쓰시마번주의 사견이라고 생각하였다고 하였다.

1696년 10월 13일, 남구만이 "안용복이 계유년에 울릉도에 갔다가 왜인에게 잡혀 백기주(伯耆州)에 들어갔더니, 본주에서 울릉도는 영구히 조선에 속한다는 공문을 만들어 주고 증물(贈物)도 많았는데, 대마도를 거쳐서 나오는 길에 공문과 증물을 죄다 대마도 사람에게 빼앗겼다 하나, 그 말을 반드시 믿을 만하다고 여기지는 않았습니다마는, 이제 안용복이 다시 백기주에 가서 정문(呈文)한 것을 보면 전의 말이 사실인 듯합니다.(『숙종실록』 권30 숙종 22년 10월13일)"고 하여 그는 이때 에도행을 언급하지 않고 있다. 1693~1694년의 심문 때 처음에는 안용복이 에도행을 말하였다가 백기주에서 관백의 서계를 받은 것으로 고쳐서 답변하였다고 추정할 수 있다. 그렇지만 일본의 자료에도 돗토리번에서 에도 막부로 보내졌다는 가술이 있다. 그 대표적인 자료 중의 하나가 오야 가문의 『죽도도해유래기발서』이다. 그 기록은 오야 가문이 안용복과 박어둔을 연행한 사건의 후일담을 다음과 같이 적고 있다.

> 돗토리부(鳥取府)에서 조사한 후에 조선인을 에도부(江戶府)로 인도했다. 에도부에서 심문이 끝나면 순차적으로 돌아가게 될 것이다. 따로 기록이 있으므로 이것을 생략한다.

『이본호키지(異本伯耆志)』에도 "이인(異人)을 에도로 보냈다"고 기록하고 있지만 본래의 『호키지』에는 그러한 기술은 없다.

또 안용복 등이 에도에 갔다고 하는 것은 일정상으로 무리가 있다. 돗토리와 에도 사이의 이동 소요 일수는 『어용인일기』에 의하면 19일이거나 20일이었다. 한편 쓰시마에서 에도까지는 36일 걸리므로 나가사키에서 에도까지의 비슷한 일수가 걸린다. 안용복은 6월 7일에 돗토리를 출발해 나가사키에 30일 도착했으니 이동에 23일 걸린 것이 명확하므로 이 사이에 에도로 갔다고 하는 것은 일정상으로도 무리가 있다고 볼 수 있다.

4) 울릉도쟁계(죽도일건)의 교섭

1693년에 울릉도에서 안용복과 박어둔이 일본 오야가의 어부들에 의해 일본에 납치된 것을 계기로 조선 조정과 일본 에도막부 사이에서 울릉도 영유권을 두고 외교 교섭이 진행되었다. 그 교섭은 에도막부 대신에 쓰시마번이 교섭을 맡았다. 그것을 우리나라에서 '울릉도쟁계'로 부르고, 일본에서는 '죽도일건(竹島一件)'으로 부른다.

(1) '울릉도쟁계' 1차 교섭

안용복·박어둔이 울릉도에서 일본 어부들에 납치된 것을 안용복과 울릉도에 같이 왔던 울산 어민들이 경상감영에 보고하였다. 1693년 8월의 경상감영의 장계에 의하면 울산 어민들이 울릉도에 표류했다고 보고하였고, 그 일행 중에 안용복과 박어둔 두 사람이 일본 어부들에 의해 칼과 조총으로 위협하여 납치하였다고 하였다. 그 보고를 접한 조선의 조정은 경상도 연해의 수령을 지낸 사람들을 조사하여 바닷가 어민들이 자주 울릉도와 다른 섬에 왕래하면서 대나무도 베어오고 전복도 따오고 있다는 것을 인식하였다.

1693년 9월 초, 쓰시마번주는 쓰시마번의 가로인 다다 요자에몬(多田與左衛門)이 대차사(차왜) 정관(正官)에 선임되었다. 다다 요자에몬은 『숙종실록』에 나오는 귤진중(橘眞重)이다. 10월, 쓰시마번은 다다 요자에몬에게 도해를 명령하고, 조선의 예조참판에게 도주의 친서를 전달하라고 하였다. 그 친서의 내용은 『죽도기사』에서 다음과 같이 기록하고 있다.

> 근래에 귀국의 배가 일본 소속 죽도로 건너왔기 때문에 거듭해서 오지 말도록 타일러서 쫓아 보냈건만, 올봄에 또 다시 귀국의 어민 40명 정도가 죽도로 건너와서 어렵하고 있었습니다. 따라서 훗날의 증거로 삼기 위해 그 중 2명을 붙잡아 두고 사건의 전말을 소상하게 영주가 막부에 보고하자 '이번 건은 돌려보내주고 다시는 그 땅에 건너오지 못하도록 지엄하게 분부하도록 하라'는 막부의 지시를 받았습니다. 이러한 짓은 대단히 중요한 일이므로 처벌을 내려주셔야 할 것입니다. 바로 두 사람을 이번에 돌려보내고 위와 같은 취지를 사자가 소상하게 구두로 말씀드릴 것입니다.

쓰시마번은 대차사 다다 요자에몬(多田與左衛門)을 파견하기 위해 선향사(先向使), 즉 선문두왜(先文頭倭)를 도해시켜 '죽도 일건'과 관련해서 사자가 도해한다는 것을 왜관의 재판이 동래부사에게 전달하자 동래부사는 바로 조정에 보고하였다. 선향사는 대차사 정관이 파견될 때 먼저 조선에 가서 대차사 정관이 무슨 목적으로 언제 동래에 도착하는지를 알려 동래부가 서울에 보고하고 조선측 접위관이 내려오도록 연락하는 임무를 띠는 사람이다.

이미 경상감사의 장계를 통해 울릉도에서 뱃사람 두 명이 왜인에게 붙잡혔다는 것을 접한 조선 조정은 일본이 죽도에서 붙잡힌 두 사람을 데리고 나온다는 사실을 선문두왜의 서계를 통해 접하고, 죽도가 우리나라의 땅인 울릉도이고, 어민들이 울릉도와 다른 섬에 왕래하면서 큰 대나무를 베거나 전복을 잡는다는 사실을 확인하고, 일본이 금할 수 있는 곳이 아니라는 것을 파악하고 봉행차왜를 접대할 수 없다는 뜻을 밝히고자 하였다.

조정에서 선향사의 답변이 10월 10일, 동래부사에게 전달되었다. 동래부사가 구두로 재판에 전달하기를 "죽도가 별도의 섬이라면 달리 문제가 없지만 울릉도라고 부르는 곳이라면 예부터 조선에 속한 곳이며, 매번 왕래해 왔습니다. 뿐만 아니라 조선인을 붙잡아서 참판사의 자격의 사자와 함께 돌려보내는 것은 생각지도 못한 일입니다."를 강조하고, 이번 사자 파견 건은 거절하고 싶다는 의사를 피력했다.

왜관의 재판은 "일본 소속 죽도는 예부터 일본 소속인 것에 틀림이 없다"는 것을 강조하고, "일본의 섬을 조선 소속이라고 말씀하신 것이 일본 막부에 알려지게 되면 어떻게 되겠습니까?"라고 반문하며, "쓰시마도주가 가신을 파견하는 것이지만 막부의 명령을 받아 파견하는 사자이므로 이번 사자를 거절하신다는 것은 이해하기 어려운 일"이라고 하면서 "이제 사자를 바로 도해시키도록 전달하겠다"고 답변하였다.

10월 22일, 다다 요자에몬 일행이 쓰시마의 포구에 출범하여 11월 1일, 안용복·박어둔을 연행해 부산의 절영도에 도착하여, 다음 날 왜관에 들어갔다. 다다 요자에몬은 공의(公儀; 에도막부)의 명이라는 명분으로 동래부를 설득해 대차사 정관의 자격으로 '죽도일건' 제1차 교섭에 임하였다.

조선의 조정은 봉행차왜가 이미 출래하였다는 소식을 접하고 교린의 도리로 접대하지 않을 수 없으므로 접위관을 선발하여 내려 보내고, 어민들이 자주 무릉도와 다른 섬에 왕래하면서 큰 대나무를 베거나 또한 전복, 즉 복어(鰒魚)를 잡는다고 하니, 비록 모두 금하여 단절시키기는 어렵겠지만 지금부터 뒤로는 각별히 경계하여 이들로 하여금 가벼이 나갈 수 없도록 하고, 접위관도 이러한 뜻으로 말을 만들어 대답함이 옳다는 계책을 세웠다. 조정은 대차사와 동격인 접위관 홍문관 교리인 홍중하(洪重夏)를 중앙에서 임시로 파견해 동래부사와 함께 교섭에 임하도록 했다.

접위관 홍중하와 접대역관 박동지·김판사가 12월 7일에 동래부에 들어왔다. 양자의 회담은 12월 10일 왜관에서 열렸다. 그때 안용복·박어둔이 조선에 인도되었다. 안용복과 박어둔은 부산포의 왜관으로 이송한 뒤에 40일이나 더 구금한 뒤에야 동래부로 넘겨졌다. 안용복은 동래부에서 서계 강탈 사건에 대해 소상하게 보고했지만, 동래부사는 도리어 그를 '월경죄인'으로 몰아 감금해 버렸다.

12일 20일 회담 자리에서 다다 요자에몬은 쓰시마 번주인 소 요시츠쿠(宗義倫)의 서간을 넘겨주었다. 그 내용은 막부의 명령에 따라 '본국의 죽도'에 조선인이 왕래하지 않도록 요구하였다는 내용이다.

이에 대해, 조선측은 어민에게 '우리나라의 울릉도(폐경지울릉도; 弊境之欝陵島)' 등 외양에 나가는 것을 금지하고 있는 실상과, 어민이 일본의 죽도로 들어간 것을 우호의 정으로 돌려보낸 것을 매우 기쁘게 생각한다는 것, 어민이 풍랑을 만났을 때는 표류할 수 있다는 것, 멀리 국경을 넘어 뒤섞여 고기잡이를 하는 것은 법으로 징계할 일이라는 것, 바야흐로 범인을 법률에 의거해 징계하려 했던 것, 이후에는 처벌을 엄하게 하고 단속할 것 등을 쓴 회답서를 보냈다. 이 때 조정은 죽도와 울릉도가 같은 섬이라는 것을 알면서도 마치 죽도와 울릉도가 다른 섬인 것처럼 써서 회답을 했다. 조정은 이제까지 신경을 쓰지 않았던 섬 때문에 일본과의 우호가 손상되는 것을 우려하는 한편, 울릉도에 일본인이 살게 되는 것도 걱정이었으므로 울릉도가 조선의 영토인 것만 분명히 하고 저들이 자기의 영토라고 한 죽도가 울릉도를 가리킨 것임을 모른체 하기로 하였다. 죽도와 울릉도가 다른 섬인 것처럼 꾸미는 2도 2명책(二島二名策)을 궁리해내어, 회답서에 '폐경지울릉도'의 구절을 넣었다. 접위관의 시나리오를 미리 파악한 정관 다다 요자에몬은 회담에서 조선의 유화정책을 일축하고, 회답문 속의 '우리나라의 경지 울릉도'란 말의 삭제를 요구하다가 조선정부가 끝까지 들어주지 않자 회답문을 접수해 1694년 2월 22일, 왜관을 떠나 쓰시마로 귀국하였다. 이 교섭에서 접대역관 박동지는 쓰시마에서 많은 도움을 받았기 때문에 다다 요자에몬에게 교섭의 비밀을 흘렸기 때문에 조선의 동태를 알 수 있었다.

(2) '울릉도쟁계' 2차 교섭과 울릉도 조사

다다 요자에몬은 1694년 윤 5월 13일에 다시 대차사(차왜)의 자격으로 왜관에 왔다. 그 목적은 문제가 되었던 '폐경지울릉도' 구절의 삭제를 요구하는 쓰시마 번주 소 요시츠구의 서간을 전달하기 위해서였다. 아울러 조선에서 받은 서한을 납득할 수 없다고 해 돌려

주기 위해서였다.

그 사이 조선 조정에서는 4월, 갑술환국으로 인해 남인정권이 실각하고, 소론 정권이 집권하게 되어 남구만을 영의정, 박세채를 좌의정, 윤지완을 우의정으로 기용하였다. 남구만은 왜인들이 말하는 죽도가 우리나라의 울릉도이며, 지난번 일본에 보낸 회답서는 특히 모호하니 마땅히 접위관을 파견하여 앞서의 회답서를 되돌려 받고, 울릉도에 들어오는 일본인을 모두 용납하지 않아야 한다고 하였다. 이에 조정에서는 홍문관 교리 유집일이 접위관으로 임명되었다. 그리고 남구만은 삼척첨사로 하여금 울릉도를 조사하고, 백성을 모집하여 들어가 살게 하거나 진을 설치하고 지키게 하고자 하는 건의를 하였다. 그 건의에 따라 8월, 울릉도 조사를 위해 장한상을 삼척첨사로 삼고, 접위관 유집일이 파견되어 2차 교섭이 시작되었다.

유집일이 접위관으로 파견되기에 앞서 안용복을 불러 사정을 파악하였다. 안용복은 처음 일본에 갔을 적에는 매우 대우를 잘 받았는데 나가사키 섬에 이르러 침책(侵責)이 시작되었다고 진술하였고, 쓰시마번주의

'죽도'란 말은 곧 장차 에도막부에 공을 과시하기 위한 계책이라고 하였다.

8월 25일 유집일이 차왜 다다 요자에몬을 만났다. 이 교섭에서 지난번의 회답서를 반환할 것을 강력하게 통고하고 울릉도가 바로 죽도이며, 이것은 조선의 영토이므로 일본 어부들이 침입해서는 안 될 것임을 명백히 밝힌 예조참판의 서한을 차왜에게 넘겼다. 그리고 작년에 다다 요자에몬이 수령하여 귀국했던 조선측 답신을 되돌려주었고, 구두로 "울릉도라는 문자를 삭제하라, 그렇지 않으면 삭제가 안 되는 상황을 말해 달라"고 하였다.

9월 12일 조선측 역관이 새로운 서계를 가지고 왜관으로 왔다. 사본 초안을 꼼꼼히 살펴보고 이상이 없을 때 수령하는 것이 관례였다. 그렇지만 문서의 전달과정도 관례와 다르게 서계의 사본을 보여주지도 않고 역관의 구두로 대략적인 내용을 전한 후 정본 개봉 없이 전달했다. 내용은 죽도와 울릉도는 '일도이명(一島二名)'으로 하나의 섬이고 조선령이다. 아울러 일본인이 월경 침입한 것임에도 불구하고 그것을 문제삼지 않고 도리어 조선인을 구속하고 연행한 것은 성신의 도리에 어긋나는 처사라는 것이었다.

일본인의 울릉도 도해금지를 요구하는 서한으로 다다 요자에몬은 놀라 쓰시마번주에 보고하였고, 귀국할 뜻을 전했다. 이와 같은 조선에서의 상황이 쓰시마에 전해지자 전 도주 소 요시자네를 비롯한 쓰시마의 가로들은 다다 요자에몬이 몇 년이 걸리더라도 사본을 받아 와야 한다고 하고, 이러한 선례를 깨는 일을 용인한다면 앞으로의 대조선 교섭에 악영향이 미친다는 엄한 질책을 담은 회신을 보낸다.

소 요시자네는 그간 은퇴하여 1여년을 조선과의 협상을 뒤에서 지켜보았는데, 문제가 해결되어 가기는 커녕 도리어 수렁으로 빠지게 되자 드디어 협상 전면에 직접 나서게 되었다. 그가 전면에 나서야 했던 또 하나의 이유는 현재의 번주이고 자신의 장남이었던 소 유시츠쿠의 죽음이었다. 소 요시츠쿠는 당시 불과 23세였는데 에도에 갔다가 이름모를 병으로 9월 27일 갑자기 죽고 말았다. 소 요시자네는 다음 아들 소 요시마치(종의방; 宗義方)를 후계자에 앉혀야 했고, 소 유시마치는 불과 10세의 어린아이였기 때문에 자신이 다시 통치를 맡지 않을 수 형편이었기 때문에 전면에 나서게 되었다.

조선의 강경한 서한에 대해 쓰시마번은 1695년 5월까지 본격적으로 반론을 시작했다. 서계개찬교섭을 위해 왜관에 체류 중이던 다다 요자에몬 등 차왜 일행이 조선과의 외교협상을 성사시키기 위해 쓰시마번과 긴밀하게 연락을 주고받았고, 왜관에서 지급하는 잡물을 받지 않고, 헤진 옷을 입고 밥을 구걸해 먹기까지 하면서 태도를 바꾸지 않았다. 당시 "中外가 흉흉하여 '임진년과 같은 변란이 멀지 않아 장차 일어날 것이다'"라는 소문이 돌 정도였다.

양측의 팽팽한 의견 대립으로 좀처럼 해결 기미가 보이지 않자 쓰시마번에서는 1695년 5월 다다 요자에몬의 귀국을 명하였다. 대신 섭정도주 소 요시자네는 다다 요자에몬을 통하여 4개 항목의 질문서를 보내고, 그것을 동래부에 따지고 답변을 들을 때까지 기다렸다가 들으면 귀국하도록 하였다.

소 요시자네가 제시한 의문점을 전제로 다다 요자에

몬은 새로운 답서에 대해 조선측의 해명을 요구하였는데, 그것이 '힐문4개조(詰問四箇條)'이다. 소위 힐문4개조는 5월 15일 동래부에 전달되었다. '힐문4개조'는 첫째, 조선에서는 수시로 관리(공차; 公差)를 파견하여 울릉도를 왕래 수색하게 했다는 데 일본의 어민들은 그곳에서 조선인을 한 번도 만난 적이 없었으니 그 뜻이 무엇인지 모르겠다. 둘째, '뜻밖에 귀국 사람들이 멋대로 국경을 넘어와서' '귀국 사람들이 우리나라 국경을 침범해 와서'라는 구절이 있는데 이미 78년, 59년, 30년 표류한 일본인들이 어로를 위해 죽도에 왔다고 했는데 그때는 왜 문제를 삼지 않았는가? 셋째, '하나의 섬이 두 가지 이름으로 불린다는 것은 다만 우리나라 서적에 기록되어 있을 뿐만 아니라 귀주(貴州) 사람들도 또한 모두 알고 있는 바입니다.'라고 하였는데, 지난 번 회답서계에 '귀국의 죽도' '우리나라의 울릉도'라고 표현한 이유는 무엇인가? 넷째, 82년 전에는 '기죽도(礒竹島), 즉 울릉도에 일본인이 들어가는 것을 문제 삼고, 78년 전에 일본인들이 죽도에 고기잡이하러 갔다가 표류했을 때는 국경침월을 문제 삼지 않았는데 그 이유는 무엇인가? 라는 내용이다. 1차 교섭 때와는 달리 쓰시마는 죽도와 울릉도의 관계에 대해서 보다 상세하게 그 이전의 사례들을 일일이 들어 따져 물었다. 그렇지만 조선 측의 강경 태도에 아무런 성과도 없이 6월 10일에 왜관을 떠났다.

다다 요자에몬 일행이 6월 10일 왜관을 떠나 이틀 후 절영도에 있을 때 조선정부의 '힐문4개조'에 대한 답신이 전달되었다. 그 내용은 다음과 같다.

1614년 당시 쓰시마에서 두왜(頭倭) 1명과 격왜(格倭) 13명이 울릉도를 조사하는 일로 서계를 가져왔으나 조정에서는 남월이라고 하여 접대를 허락하지 않았고, 동래부사명으로 국경을 침범하는 일이 없도록 하라는 답을 내렸었다. 그리고 표류민이 울릉도에 어로를 위해 왔다가 표류당했다고 했을 때 아무 말 없이 돌려보낸 것은 표류인이 빠른 송환을 원했고, 살려 보내는 일이 급했기 때문이었다. 또한 『여지승람』과 신라, 고려, 조선전기에 여러 번 관리를 울릉도에 파견한 일이 상세히 기록되어 있고, 특히 쓰시마의 대관이 역관 박재홍에게 '『여지승람』으로 본다면 울릉도는 과

연 귀국 땅이다.'라고 한 말도 있으며, 1차 회답서계에서 귀국의 죽도와 우리나라의 울릉도라는 표현은 예조의 관원이 옛일에 밝지 못했기 때문으로 조정이 그 실언을 꾸짖었다고 답했다. 이에 다다 요자에몬은 다시 반론을 정리하여 80년 동안 조선이 스스로 울릉도를 버려둬 타인의 소유가 되게 해놓고서 일본의 어민이 그 섬에 간 것을 가지고 국경침범 운운한 것은 납득하기 어렵다고 주장하였다.

이렇게 제2차 교섭은 끝이 났다. 이후 쓰시마번에서 이 문제 때문에 대차사가 파견되는 일은 없었다.

다다 요자에몬이 귀국 후에 쓰시마번 내부에서 강경노선에 대한 반성이 일어났다. '죽도일건'의 해결에 크게 이바지한 온건파의 쓰야마 쇼우에몬(陶山庄右衛門)은 타국의 섬을 억지로 빼앗아 에도의 공의(公儀)로 바치는 방법은 "불의(不義)라 할 수는 있어도 충공(忠功)이라고 말할 수는 없다"고 비판했다.

그 사이 남구만의 건의에 의해 삼척첨사 장한상이 울릉도 조사를 하였다. 1694년 9월 19일 6척의 배에 150여 명을 거느리고 삼척을 출발한 장한상 일행은 9월

20일부터 10월 3일까지 13일 동안 울릉도에 체류하여 조사활동을 펼친 후 10월 6일 삼척으로 돌아왔다. 장한상의 『울릉도사적(鬱陵島事蹟)』에 의하면 울릉도 심찰 결과를 산천·도리(道里)를 적어 넣은 지도와 함께 정부에 보고하였다. 그 요지는 왜인이 왕래한 흔적은 있으나 살고 있지는 않다는 것, 해로가 순탄하지 않아 일본이 횡점한다 하더라도 막기 어렵다는 것, 보(堡)를 설치하려 하여도 땅이 좁고 큰 나무들이 많아 인민을 주접시키기 어렵다는 것, 토질을 알아보려고 모맥(麰麥)을 심고 왔다는 것 등이다.

당초 남구만은 울릉도에 진의 설치를 염두에 두었지만 장한상이 돌아와 보고한 바를 바탕으로 하여 백성들을 들어가 살게 할 수 없고, 한두 해 간격을 두고 수토하게 하는 것이 마땅하다고 건의함으로써 수토정책이 세워지게 되었다.

(3) 죽도도해금지령의 결정

쓰시마번은 조선과의 교섭이 완전히 정체 상태에 빠지고 쓰시마번에서도 비판이 일어나자 1693년 5월 이

후 피랍인 송환 및 조선의 죽도 도해금지 협상을 전담, 지휘하였던 섭정 쓰시마번주 소 요시자네는 에도 막부에 더 이상 조선과의 교섭 결과를 숨길 수가 없었기 때문에 그간의 교섭 내용에 관하여 보고하였고, 소 요시자네와 쓰시마 현지 가로인 히라타 나오에몬(平田直右衛門) 등이 에도로 가서 막부와 협의를 시작했다. 1695년 11월 25일에 히라타는 노중인 아베 분고노카미(阿部豊後守)의 가신인 미사와 기치자에몬(三澤吉左衛門)과 면담해 지금까지의 경위를 설명하고, 소우 요시자네의 구상서와 조선과의 왕복 서한, 『여지승람』과 『지봉유설』 등의 문헌을 제출했다. 이것을 계기로 에도막부는 죽도에 관한 조사를 실시하였다.

12월 24일, 아베 분고노카미는 돗토리번의 에도 번저에 7개조의 질문을 했다. 그 1조에 "인슈(因州), 하큐슈(伯州)에 부속한 죽도는 언제부터 양국에 속했습니까?", 제7조에 "죽도 이외에 양국에 속하는 섬이 있습니까?"라고 질문했다. 그에 대한 돗토리답변은 "죽도는 이나바와 호키의 소속이 아닙니다"고 하였고, "죽도와 송도, 그 외에 양국에 속하는 섬은 없습니다"라고 답변하였다. 에도막부는 돗토리번이 죽도는 자기 영토가 아니라고 회답했기 때문에 그 섬을 포기하는 방향으로 쓰시마번과 협의하고, 1696년 1월 28일, 노중 4명이 참석한 자리에서 노중 토다 야마시로노카미(戶田山城守)가 쓰시마의 덴류인(宗龍院, 宗義眞)에 각서를 전달함과 동시에 요나고 백성의 죽도도해금지를 다음과 같이 전했다.

구상각서

> 오래 전부터 호키 요나고의 백성 두 명이 죽도로 도해하여 지금까지 고기잡이를 했습니다. 조선인도 그 섬에 와서 고기잡이를 했다고 합니다. 그렇다면 일본인이 섞이는 것은 이익이 없으므로 앞으로 요나고의 백성들의 도해를 금지할 것을 (장군이) 분부하셨습니다. 마쓰다이라 호키노카미에게도 봉서로 알렸습니다. 그것을 명심하도록 명합니다.(『竹嶋紀事』 원록 9년 1월 28일)

같은 날 노중 4명이 서명한 죽도도해금지의 봉서가 에도의 돗토리 번저로 넘어갔다. 그로 인해 돗토리번주에게 발행된 막부의 죽도도해허가증은 2월 9일에 막부에 반납되었다. 그렇지만 돗토리번에 죽도도해금지의 봉서가 전달된 것은 8월 1일이었다. 노중이 전달 시기를 늦춘 이유는 쓰시마번의 요청을 배려했기 때문이다. 쓰시마번은 '죽도일건' 교섭에서 조선에 대해 조선인의 죽도도해금지를 요구하는 중이었고, 그 와중에 막부에 의한 일본인의 죽도도해금지령이 쓰시마번 이외에서 조선에 알려지면 쓰시마번의 입장이 곤란할 수 있으므로 소 요시자네가 막부에 죽도도해금지령의 공개를 늦추도록 요청하였다.

에도막부에 의한 죽도도해금지령은 바로 조선에 전달되지 않았다. 쓰시마번은 '죽도일건' 교섭이 암초에 부딪친 가운데, 그것을 어떻게 조선에 전달할 것인지 고민하였다. 그때까지의 쓰시마번은 조선인의 도해금지를 요구하고 있는 상황에서 에도막부의 일본인의 죽도도해금지령은 쓰시마번의 요구와는 반대의 결론이기 때문에 그것을 쉽게 조선에 전달할 수 없었기 때문

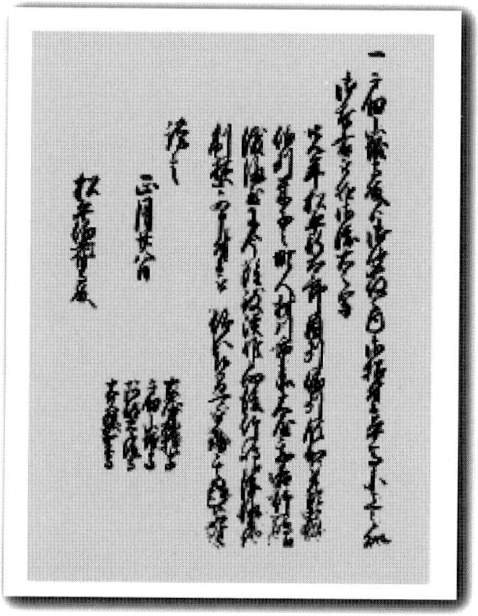

〈원문〉

[…] 이전에 마스다이라 신타로[松平新太郎]가 인슈[因州]와 하쿠슈[伯州]를 다스리던 때 하쿠슈 요나고 [米子]의 상인 무라카와 이치베[村川市兵衛], 오야진키치[大屋甚吉]가 죽도(울릉도)에 도해하여 현재까지 어업을 해왔지만 향후에는 죽도 도해 금지를 명하니 이를 명심하라.

정월 28일 쓰치야 사가미노카미
도다 야마시로노카미
아베 분고노카미
오쿠보 가가노카미
마쓰다이라 호키노카미

죽도(울릉도) 도해금지령[竹島渡海禁止令](1696)

이다. 자칫 잘못하면 지금까지의 교섭이 쓰시마번이 독단적으로 한 것이고, 막부의 명령에 거슬러 행동을 한 것이라는 비난을 조선에서 받을 우려가 있다. 그러한 와중에 1696년 안용복이 도일이 행해졌다. 안용복 문제와 함께 '죽도일건' 교섭의 해결이 급하게 되었다. 쓰시마번은 막부와 협의해 노중의 "가볍게 끝내도록 하라"는 의향을 받아들여 일본의 죽도도해금지를 구두로 전달하기로 했다. 도해금지를 전하는 것은 조선에서 도해역관사가 쓰시마로 파견된 기회를 이용했다. 10월 16일에 소우 요시자네는 쓰시마에 와 있던 조선의 도해 역관인 변동지와 송판사를 불러 구두로 막부의 결정을 전달했다. 그것을 구상서로 해서 양 역관에게 건네주었다. 그러나 일본어의 구상서는 "낙착을 보기 어렵다"는 역관의 의견으로 인해 두 통의 구상서를 한문으로 바꾸어 6명의 가로 6인의 연기(年寄)들이 서명 날인한 뒤 역관에게 건넸다. 그 내용은 다음과 같다.

전임 태수가 죽도의 일로 인해 사절을 귀국에 파견한 것이 두 차례인데 사절의 일도 불행히도 완료되지 않은 채 별세했으므로 이로 말미암아 사절을 소환했습니다.

(宗義進이) 머지않아 상선(上船)해서 (에도에) 입근(入覲)했을 때에 (노중의) 질문이 죽도의 지형과 방향에 미치자 사실에 근거해 대답했습니다. 그러자 그것이 본방으로부터의 거리는 매우 멀리 떨어져 있으나 오히려 귀국으로부터의 거리로는 가깝다는 것이었습니다. 또한 두 나라 사람들이 (그곳에서) 섞이면 잠통(潛通)과 사시(私市) 등의 폐단이 반드시 있을 것입니다. 따라서 곧 명령을 내려 사람들이 가서 어채하는 것을 불허했습니다.

무릇 틈이 벌어지는 것은 세미한 곳에서 생기고 화환은 하찮은 것에서 일어나는 것이 고금의 통병이니 미리 못하도록 막는 것이 오히려 낫다고 생각됩니다. 이로써 100년의 우호를 더욱 돈독히 하고자 하니 하나의 섬에 불과한 작은 일을 곧바로 다투지 않는 것이 두 나라의 아름다운 일일 것입니다. 유념하시기 바랍니다.

남궁(南宮=예조)이 응해 정성스럽게 수서(修書)해서 본주로 하여금 (조선 측의) 큰 감사를 대신 (에도에) 전하게 할 것이며, 역사(譯使)가 귀국하는 날을 기다려 (이 뜻을) 아뢰어 빠뜨리지 않도록 당부합니다.

쓰시마번은 죽도까지의 거리는 조선쪽이 가깝다는 것과, 그 섬에 조선과 일본 어민이 난입하여 잠통(潛通)과 사시(私市)의 폐단, 즉 밀무역을 할 가능성이 있다는 이유 등을 들어 일본인의 도해금지를 공식으로 알렸다. 그러나 막부에 의한 '죽도도해금지령'은 바로 조선에 전달되지 않았고, 10월 문위역관의 쓰시마 도해까지 기다려야 했다. 쓰시마번은 같은 해 10월 조선의 문위역관에게 막부의 뜻을 전달하고, 이듬해(1697) 2월에는 동래부사 이세재에게 서계를 보내 일본인의 울릉도 출어 금지를 공식적으로 확인했다.

6
1696년 안용복의 울릉도·독도행 및 도일(渡日)사건

안용복은 1696년에 울릉도, 독도로 건너가 일본 어부들을 쫓아내고, 그들을 뒤쫓아 일본으로 건너갔다. 그리고 추방되어 강원도 양양으로 돌아 왔다. 그 일정은 다음과 같다.

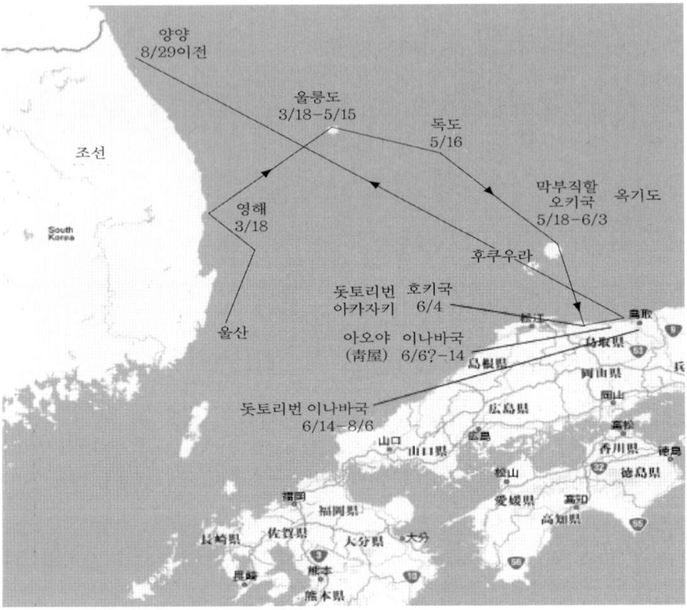

〈안용복의 1696년 도일 행적〉

1) 안용복의 울릉도·독도행

1696년 1월에 있었던 막부의 '죽도도해금지령'이 조선에 전달되지 않은 상황에서 그해 봄 안용복이 울산 배에 타고 울릉도로 건너갔다. 『숙종실록』에 의하면, 비변사에 안용복을 심문하였을 때 안용복의 진술은 다음과 같다. 안용복은 동래에 살고 있었는데, 어머니를 만나기 위해 울산에 갔다가 마침 승려 뇌헌(雷憲) 등을 만나, 1693년 울릉도에 다녀왔는데, 그곳에는 해산물이 풍부하다는 사실을 말하고, 울산 배에 11명이 타고 울릉도로 건너갔다. 그 일행은 다음과 같다. 동래(東萊) 사람 안용복(安龍福)·흥해(興海) 사람 유일부(劉日夫)·영해(寧海) 사람 유봉석(劉奉石)·평산포(平山浦) 사람 이인성(李仁成)·낙안(樂安) 사람 김성길(金成吉)과 순천(順天) 중[僧] 뇌헌(雷憲)·승담(勝淡)·연습(連習)·영률(靈律)·단책(丹責)과 연안(延安) 사람 김순립(金順立) 등 11명이다.

안용복 일행이 울릉도에 갔을 때 그곳에 왜선도 많이 와서 정박하여 있으므로 뱃사람들이 두려워했다. 안용복이 "울릉도는 본디 우리 지경인데, 왜인이 어찌하여 감히 지경을 넘어 침범하였는가? 너희들을 모두 포박하여야 하겠다"고 꾸짖었었다. 왜인이 말하기를 "우리들은 본디 송도(松島)에 사는데 우연히 고기잡이하러 나왔다. 이제 본소로 돌아갈 것이다" 하므로 안용복은 "송도는 자산도(子山島)로서, 그것도 우리나라 땅인데 너희들이 감히 거기에 사는가?"라고 꾸짖었다.

그 이튿날 새벽에 배를 몰아 독도, 즉 자산도에 갔는데, 왜인들이 막 가마솥을 벌여 놓고 고기 기름을 다리고 있었다. 안용복이 막대기로 쳐서 깨뜨리고 큰 소리로 꾸짖었더니 왜인들이 거두어 배에 싣고서 돛을 올리고 돌아가므로 배를 타고 뒤쫓았지만 광풍을 만나 표류하여 오키도에 도착하였다.

2005년, 일본의 오키도의 무라카와 가문에서 공개한 『원록구병자년 조선주착안일권지각서(元祿九丙子年朝鮮舟着岸 一卷之覺書)』에 의하면, 안용복 일행이 3월 18일에 도착해 5월 15일에 울릉도를 같은날 독도에 도착하였고, 출선하여 16일 독도를 출발해 18일 오키도에 도착했다는 기록이 있다. 그 문서에 "배 13척에 사람은 한 배에 9인, 10인, 12~13인, 15인 정도씩 타고 울릉도에 왔다"는 기록이 있고, "배 13척 중에 12척은 죽도에서 미역과 전복을 따고 대나무를 벌채하였다"고 하였고, "올해는 전복이 많지 않았다" 한 기록을 통해 2개월 동안 해산물과 목재를 채취하였다고 볼 수 있다. 두 달 동안 안용복 등이 외교사절로 가장하고 정문(呈文; 탄원서)하는 데 필요한 자료와 물품을 준비한 것으로 본

연구가 있다. 울릉도와 자산도(우산도·松島)를 강원도 소속으로 기록한 '조선팔도지도(朝鮮八道地圖)', 일행을 대표할 안용복이 입을 무관 당상관이 입는 옷인 철릭, 검은 천으로 싼 갓, 가죽신, '통정대부 안용복 갑오생 동래(通政大夫 安龍福 甲午生 東萊)' 등이라고 새겨진 가짜 호패 등을 울산에서 구입했거나, 울릉도에서 머문 2개월 동안 만들었을 것으로 보았다(송병기, 『울릉도와 독도, 그 역사적 검증』, 역사공간, 2010, 84-85쪽).

그렇지만 『원록구병자년조선추작안일권지각서』에 울릉도와 독도에 일본인을 만났다는 기록이 없다. 일본의 일부 연구자는 1696년에 막부의 도해금지령이 내려졌기 때문에 이 해에는 죽도의 도해는 이루어지지 않았다고 주장했다. '도해 면허'가 반납된 것은 2월 9일임에 틀림없지만, 도해 금지령이 돗토리번의 성부(城府)에 전달된 것은 이 해 8월이었다. 따라서 이 해의 봄 시점에 오야·무라카와 양 가문은 도해 금지령을 모른 채 예년처럼 도해했을 가능성이 있다.

2) 안용복의 일본행

5월 15일에 안용복 등은 울릉도를 출발해, 독도를 거쳐 오키도로 갔다. 그 경위를 안용복은 귀국 후에 다음과 같이 말했다.

> 그런데 갑자기 광풍을 만나 표류해 옥기도(玉岐島)에 이르렀는데, 도주(島主)가 들어온 까닭을 물으므로, 제가 말하기를, '근년에 내가 이곳에 들어와서 울릉도·자산도 등을 조선(朝鮮)의 지경으로 정하고, 관백(關白)의 서계(書契)도 받았는데, 이 나라에서는 정식(定式)이 없어서 이제 또 우리 지경을 침범했으니, 이것이 무슨 도리인가?' 하자, 마땅히 백기주(伯耆州)에 전보(轉報)하겠다고 했으나, 오랫동안 소식이 없었습니다.

'갑자기 광풍을 만나, 표류해 옥기도에 이르렀는데'라는 공술은 해금(海禁)의 죄를 추궁 당하는 것을 피하기 위해 그렇게 공술한 것이다.

『원록구병자년 조선주착안일권지각서』는 안용복 등

이 소송 목적으로 호키에 가는 도중에 오키도에 들렀다고 하는 기록이 있다.

> 안용복이 말하기를, 자신이 타고 있던 배의 열 한 명은 호키국에 가서 돗토리의 호키노카미님에게 호소하고 싶은 것이 있어서 가는 중입니다. 바람의 상태가 좋지 않아 이 땅에 들렀습니다. 순풍이 부는 대로, 호키국으로 가고자 합니다. …안용복과 도라베 두 명은 4년 전의 유년(酉年) 여름에, 다케시마에서 호키국의 배에 연행당했습니다. 그 토라베도 이번에 동행했습니다만 다케시마에 남겨 두고 왔습니다.

안용복 일행은 5월 20일부터 22일까지 오키에서 조사를 받았다. 그 조사기록에 따르면 조선 배는 길이 9m, 폭 3.6m의 크기였으며, 돛대 2개, 노 5개, 닻 2개가 있었고, 각종 어로용구, 취사도구, 대나무, 발과 돗자리, 개 가죽, 땔나무, 쌀 3홉, 미역 3자루, 소금 1자루, 말린 전복 1자루 등도 적재되어 있었으나 군사용

무기는 없었다. 이어서 안용복 일행을 불러 성명, 의복과 소지품을 조사하였다. 안용복은 호패를 차고 있었고, 부채를 들었는데, 그 부채 자루에는 도장과 귀후비가 달려 있었다. 호패에는 '통정대부, 갑오년(1654) 생, 동래부 거주'라고 쓰여 있었다. '울릉 자산 양도 감세장'이라 가칭하면서 가짜 호패를 찬 셈이다.

당시 안용복은 울릉도와 자산도가 그려져 있는 '조선팔도지도'를 꺼내 보이면서 일본에서 '죽도(竹島)·송도(松島)'로 불리는 섬들은 조선 강원도 동래부 소속 울릉도와 자산도이며, 자신들은 이런 사실을 밝히고자 호키로 가는 길에 오키에 들렀으며, 순풍을 기다려 호키로 갈 것이라고 하였다.

안용복 일행이 오키에 도착했다는 소식은 6월 5일 돗토리번에 전달되었다. 조선의 배가 호키국에 청이 있어서 도해했다고 하므로 돗토리번은 대책을 협의하고, 동시에 번주가 체재하는 에도의 돗토리번저에도 파발꾼을 시켜 이러한 사실을 6월 13일에 전달했다. 대마도의 에도번저에는 10일 후인 6월 23일에 보고되었다.

그 사이에 오키도를 출발한 안용복 등은 6월 4일에 호키국의 아카자키에 도착하였다. 돗토리번에 급파된 사자가 이나바국의 아오야(靑屋) 마을에 끌어들였다. 그때에 안용복 등은 배에 깃발을 달고 있었다. 아오야 마을의 주민이 깃발에 적힌 내용을 옮겨 적어 '조울양도감세장 신 안동지기(朝鬱兩島監稅將 臣 安同知騎)'라고 기록했고, 『죽도고』에 다음과 같이 실렸다.

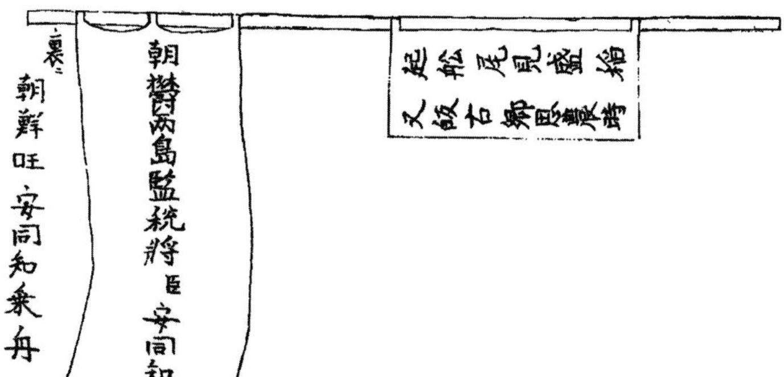

『숙종실록』에 의하면 안용복이 '울릉 자산 양도 감세장'이라 가칭하고, 푸른 철릭[帖裏]를 입고 검은 포립(布笠)을 쓰고 가죽신을 신고 교자를 타고 말을 타고 호키주로 가서 도주와 만났다고 진술하고 있다. 에도에 체재하고 있던 돗토리번주 이케다 츠나키요(지전강청; 池田綱清)가 7월 19일에 돗토리부에 귀환하였기 때문에 안용복과 만난 일은 없었던 것 같았다. 그렇지만 『숙종실록』의 경우, 안용복은 도주의 만남을 다음과 같이 진술하고 있다.

> 도주가 묻기를 '어찌하여 들어왔는가?' 하므로, 답하기를, '전일 두 섬의 일로 서계를 받아낸 것이 명백할 뿐만이 아닌데, 쓰시마 도주가 서계를 빼앗고는 중간에서 위조하여 두세 번 차왜를 보내 법을 어겨 함부로 침범하였으니, 내가 장차 관백에게 상소하여 죄상을 두루 말하려 한다.'고 하였더니, 도주가 허락하였습니다. 드디어 이인성으로 하여금 소를 지어 바치게 하자, 도주의 아비가 호키주에 간청하여 오기를, '이 소를 올리면 내 아들이 반드시 중한 죄를 얻어 죽게 될 것이니 바치지 말기 바

란다.'고 하였으므로, 관백에게 품정하지는 못하였으나, 전일 지경을 침범한 왜인 15인을 적발하여 처벌하였습니다. 이어서 저에게 말하기를, '두 섬은 이미 너희 나라에 속하였으니, 뒤에 혹 다시 침범하여 넘어가는 자가 있거나 도주가 혹 함부로 침범하거든, 모두 국서를 만들어 역관을 정하여 들여보내면 엄중히 처벌할 것이다.'하고, 이어서 양식을 주고 차왜를 정하여 호송하려 하였으나, 제가 데려가는 것은 폐단이 있다고 사양하였습니다.

안용복은 첫째, '두 섬의 일로 서계로 받았다'고 밝히고 있다. 두 섬은 울릉도와 독도가 분명하다. 둘째, 쓰시마도주가 서계를 빼앗아 위조하였다고 한다. 셋째, 장차 관백에게 상소하려고 이인성으로 하여금 소를 지어 바쳤다. 그로 인해 쓰시마도주가 호키주에 간청하여 관백에게 품정하지 못하였으나 "두 섬은 이미 너희 나라에 속하였으니, 뒤에 혹 다시 침범하여 넘어가는 자가 있거나 도주가 혹 함부로 침범하거든, 모두 국서를 만들어 역관을 정하여 들여보내면 엄중히 처벌할 것이다"라고 약속하였다고 하였다.

이에 대해 남구만은 "안용복이 계유년(1693)에 울릉도에 갔다가 왜인에게 잡혀 호키주(백기주; 伯耆州)에 들어갔더니 본주(本州)에서 울릉도는 영구히 조선에 속한다는 공문을 만들어 주고 증물(贈物)도 많았는데, 쓰시마번을 거쳐 나오는 길에 공문과 증물을 죄다 쓰시마 사람에게 빼앗겼다 하나, 그 말을 반드시 믿을 만하다고 여기지는 않았습니다만, 이제 안용복이 다시 호키주에 가서 정문(呈文)한 것을 보면 전에 한 말이 사실인 듯합니다."라고 하였다. 그렇지만 안용복의 진술을 들은 남구만은 두 섬을 무시하고, 울릉도에만 관심을 드러내고 있다.

안용복이 정문한 것은 쓰시마번에서도 파악하고 있었다. 1697년 2월에 쓰시마번은 동래부에 "작년 겨울에 귀국 사람이 단자(單子=정문)를 제출한 일이 있었는데, 조정의 명령에 의한 것입니까"라고 물었다. 안용복이 정문을 제출한 일은 에도막부로부터 쓰시마번에 알려진 것 같다.

조선인이 호키주에 왔다는 소식은 6월 22일에 에도의 돗토리 번저로부터 노중 오오쿠보 가가노카미(大久

保加賀守)에게 전해졌다. 다음날 오오쿠보가 쓰시마번의 어린 번주인 소 지로우(종차랑; 宗次郞)에게 그 사실을 전했다. 이때 오오쿠보는 조선인이 이나바에 소송을 위해 왔다고 하면 이나바에서 받아들지 않을 수 없을 것이라고 생각하고 고심하여 첫째, 먼저 소송을 듣지 말고 돗토리번 영토로부터 바로 추방할 것, 둘째, 만일 그렇게 되지 못한다면 모든 소송은 나가사키 봉행이 다루므로 나가사키 봉행소로 보내고, 소송을 받아들이지 않은 채 본국에 송환하도록 권장할 것, 셋째, 소송을 듣지 않을 수 없다면 쓰시마번의 입회하에 듣고 막부에 보고할 것을 지시하였다.

쓰시마번은 안용복 등을 직접 추방시킬 것을 노중에게 진언했다. 조선에서 일본에 무슨 용건이 있을 경우에는 쓰시마번을 통해야 하고, 다른 번에는 직접 거래하지 않겠다는 약속이 있었기 때문에 다른 번에 소송하는 등의 예는 아직까지 없었다. 본래 용건이 있을 때면 반드시 거쳐야 할 것으로 되어 있는 쓰시마번에 말 한마디 없이 직접 다른 곳, 돗토리번에 소송을 하는 행위가 인정된다면 앞으로의 전례가 되어 버릴 것이 되므로 쓰시마번에 부담이 되기 때문에 쓰시마번의 경우 바로 추방하도록 막부에 진언하지 않을 수밖에 없었다.

윤지완은 쓰시마번의 속셈을 꿰뚫어 보았다. 윤지완은 "대마도 사람이 전부터 속여 온 것은 우리나라에서 강호(江戶)와 교통하지 못하였기 때문인데, 이제 다른 길이 따로 있는 것을 알았으니, 반드시 크게 두려움이 생길 것이나, 안용복이 주살되었다는 말을 들으면 또 그 길이 영구히 막힌 것을 기뻐할 것입니다"라고 한 것이다. 이것은 안용복의 울릉도행이 조선—동래왜관—대마도—에도(강호)와의 루트에 치명적 타격을 줄 것이라는 점을 쓰시마번이 염려하고 있음을 보여주는 것이다. 쓰시마번에서 안용복 사건이 일어난 직후 '울릉도쟁계'를 일으켜 집요하게 울릉도를 자기네 땅이라고 한 것은 차제에 울릉도를 자국의 영토로 편입함으로써 조선과 일본에서 새로운 교역의 루트를 개발하는 것을 원천봉쇄하고자 하는 의도에서 나온 것이라고 볼 수 있다.

7월 24일 노중은 쓰시마번의 요청에 따라 안용복 등을 직접 돌려보내라고 돗토리번에 최종 지시했다. 이에 따라 안용복 등 11명은 8월 6일에 추방당했다. 결국 안용복 일행의 송환은 나가사키와 쓰시마를 경유하는 표류민 송환 루트가 아니라 돗토리번령에서 강원도 양양현으로 바로 보내졌고, 1693년 때와 달리 차왜의 수행도 없었다.

3) 안용복의 처벌

8월 6일에 추방된 이후 강원 감사 심평(沈枰)이 안용복 일행이 양양에 도착해 잡아 가두었다는 것을 8월 29일에 보고하였다. 그렇지만 11명 중 김순립은 뭍에 내린 뒤에 곧장 고향인 연안(延安)으로 돌아갔다. 안용복 등, 10명을 압송해 형조로 옮겨 심문하였다.

안용복의 도일 사건에 대한 조정의 대응은 일단 안용복 등의 처벌 문제에 그 초점이 맞춰졌다. 안용복의 처벌에 대한 조정의 대체적인 논의는 도해역관의 귀국을 기다려 처단하는 방향으로 정리되었다. 안용복의 도일 사건에 대한 조정의 논의가 안용복의 처벌에 초점이 맞춰진 것은 변민(邊民)의 범월에 대해서 엄하게 처벌함으로써 변방을 단속하려는 내치의 측면에서 생각할 수도 있는 것이며, 한편으로는 일본과의 분쟁을 방지하기 위해 조속한 해결을 모색한 때문이기도 하다. 그때 조정의 논의는 '이 일은 혼자서 주동한 사람이 안용복'이고, '안용복은 법금을 두려워하지 안하고 다른 나라에서 일을 일으켰으므로 죄를 용서할 수 없다'고 하였다. 그리고 이인성은 종범의 죄가 해당되고, 그 나머지는 고기잡이 하러 갔을 뿐이니 버려두고 논하지 않는 것이 마땅하다고 하였다. 조정의 논의는 대체로 안용복을 죽일 것을 청하였다.

윤지완의 경우 "안용복은 사사로이 다른 나라에 가서 외람되게 나라의 일을 말하였는데, 그가 혹 조정에서 시킨 것처럼 하였다면 매우 놀라운 일이니, 그 죄를 논하면 마땅히 죽여야 하지만 … 대마도 사람이 전부터 속여 온 것은 우리나라에서 강호(江戶)와 교통하지 못하였기 때문인데, 이제 다른 길이 따로 있는 것을 알았으니, 반드시 크게 두려움이 생길 것이나, 안용복이 주살(誅殺)되었다는 말을 들으면 또 그 길이 영구히 막힌 것을 기뻐할 것입니다"라고 하여 안용복을 죽이는 것이 법으로는 옳겠지만 계책으로는 그릇된 것이라고 하였다. 그리고 남구만은 "대마도의 왜인이 울릉도를 죽도라 거짓 칭하고, 강호의 명이라 거짓으로 핑계대어 우리나라에서 사람들이 울릉도에 왕래하는 것을 금지하게 하려고 중간에서 속여 농간을 부린 정상이 이제 안용복 때문에 죄다 드러났으니, 이것은 또한 하나의 쾌사(快事)입니다"라고 하고, 신여철(申汝哲)이 말하기를, "안용복의 일은 매우 놀랍기는 하나, 국가에서 못하는 일을 그가 능히 하였으므로 공로와 죄과가 서로 덮을 만하다"고 하여 안용복을 옹호하였다. 1697년 3월 27일, 영의정 유상운(柳尙運)이 말하기를, "안용복은 법으로 마땅히 주살해야 하는데, 남구만·윤지완이 모두 가벼이 죽일 수 없다고 하고, 또 도왜(島倭)가 서신을 보내어 죄를 전(前) 도주(島主)에게 돌리고, 울릉도에는 왜인의 왕래를 금지시켜 다른 흔단이 없다고 하면서 갑자기 자복하였으니, 까닭이 없지 않을 듯하므로, 안용복은 앞질러 먼저 처단할 수가 없다고 하였습니다. 그 뜻은 대체로 왜인의 기를 꺾어 자복시킨 것을 안용복의 공(功)으로 여긴 것입니다." 라고 하여 숙종은 사형에서 등급을 낮추어 유배형으로 결정하였다.

7
'울릉도쟁계' 이후의 조선과 일본의 대응

1) 조선의 대응

'울릉도쟁계'가 진행되는 동안 조선정부는 1694년 가을에 울릉도 형편을 살펴 진(鎭)을 설치하여 지키게 할 것인가를 살피기 위해 장한상을 삼척첨사로 삼아 울릉도에 파견하였다. 장한상의 「울릉도사적(鬱陵島事蹟)」에 의하면 울릉도 심찰 결과를 산천·도리(道里)를 적어 넣은 지도와 함께 정부에 보고하였다. 그 요지는 왜인이 왕래한 흔적은 있으나 살고 있지는 않다는 것, 해로가 순탄하지 않아 일본이 횡점한다 하더라도 막기 어렵다는 것, 보(堡)를 설치하려 하여도 땅이 좁고 큰

나무들이 많아 인민을 주접시키기 어렵다는 것, 토질을 알아보려고 모맥(麰麥)을 심고 왔다는 것 등이다. 「울릉도사적」에 의하면 장한상은 울릉도에서 강원도와 진방(辰方; 동남쪽)에 있는 섬을 보았다. 『세종실록』 「지리지」에서 날씨가 맑으면 울릉도와 우산도, 즉 독도를 볼 수 있다는 것을 사료상에서 관인으로서 최초 확인을 한 사람이 장한상이다. 그렇지만 장한상은 진(鎭)의 설치보다는 수토를 건의하였던 것 같다.

당초 남구만은 울릉도에 진의 설치를 염두에 두었지만 장한상의 보고를 받고 "백성들을 들어가 살게 할 수 없고, 한두 해 간격을 두고 수토하게 하는 것이 마땅하다"고 건의함으로써 조정에서 수토정책이 논의되게 되었다. 1697년 4월 13일, 유상운이 "바다 밖에 멀리 떨어진 섬이라 비록 해마다 들여보낼 수는 없지만 이미 우리나라의 지방이고, 또한 사람이 살지 않은 섬이니 틈틈이 사람을 보내어 순찰하자"고 건의하였다. 숙종이 이 건의를 받아들여 울릉도는 "우리나라의 지방이니 영원히 버려둘 수 없으나 해마다 들여보내는 것도 폐단이 많을 것이니 2년의 틈을 두고 들여보내는 것이 옳을 것이다"라고 하여 울릉도 수토는 3년에 한번 씩, 삼척영장과 월송만호가 교대로 하는 것이 정례화 되었다.

유상운이 "만약 3년에 한번 씩 정하여 보내는 것으로 정식으로 삼는다면 상상년(上上年)에 이미 가서 보고 왔으니 내년에 마땅히 보내야 한다"고 하고, 울릉도는 반드시 5월 사이 바람이 잠잠할 때 왕래할 수 있다고 들었으니 내년 5월 사이 들여보내는 것이 마땅하다고 의견을 개진하였다. 그에 따라 수토사들은 대개 음력 4월, 즉 양력 5월 사이에 들어갔다. '상상년'은 1695년이다. 장한상이 간 것은 1694년이므로 그 이듬해 수토사가 다녀온 것이라고 짐작된다. 그렇지만 1695년의 경우 울릉도에 수토사가 파견된 기록이 없다. 1698년 울릉도 수토사가 파견되는 해이다. 그렇지만 영동지방에 흉년이 들어 이듬해로 연기되었다. 1699년에 월송만호 전회일(田會一)이 수토사로 파견되었다.

흔히들 수토제도는 3년마다 이루어졌다고 하지만 사료에 의하면 3년, 2년마다 하는 것이 정식이라고 하고 있다. 그것을 감안하면 시기에 따라 3년 정식, 2년 정식으로 변경되었을 것이다.

수토정책을 흔히들 '공도정책'으로 간주한다. 『숙종실록』(숙종 25년 7월 임오)에 의하면 "당초 갑술년에 무신 장한상을 파견하여 울릉도의 지세를 살펴보게 하고, 왜인으로 하여금 그 곳이 우리나라의 땅임을 알도록 하였다. 그리고 이내 2년 간격으로 변장(邊將)을 보내어 수색하여 토벌하기로 하였다."는 기록을 통해 보면 수토정책은 일본으로 하여금 울릉도가 우리 땅임을 확인시키고자 하는 데 주된 목적이 있었던 것이고, 부차적으로 울릉도에 들어간 어민들로부터 조세수취와 역역동원을 제대로 할 수 없었기 때문에 다시 그들을 육지로 데려오는 정책이었다. '울릉도쟁계' 이후에 동남해 연안민들이 울릉도와 독도로 꾸준히 건너갔다. 이들은 피역의 무리이기 때문에 본토로부터의 조세수취와 역역동원을 피해 울릉도에 들어갔기 때문에 이들을 수토하기 위한 정책이다. 따라서 이들은 국내법의 적용 대상자였다. 반면 울릉도와 독도로 벌목이나 출어를 하는 일본인들은 '월경죄인(越境罪人)'으로서 국제법 위반을 한 자이다. '죽도도해금지령'이 내려진 이후 그것을

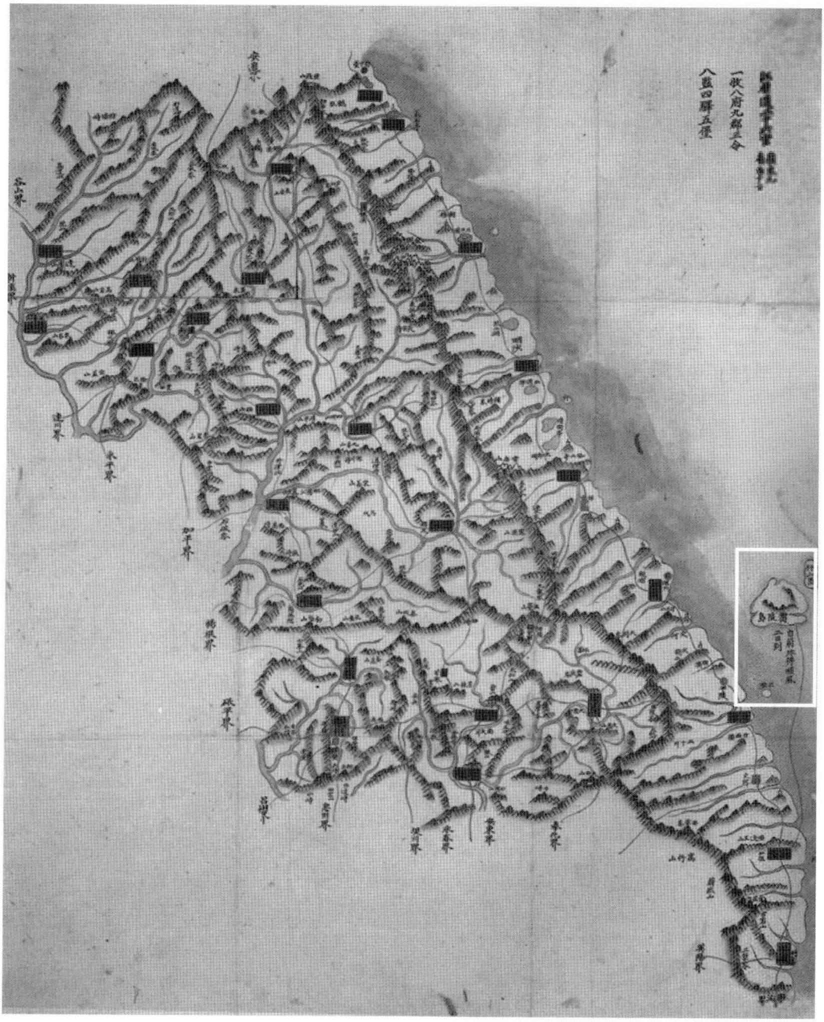

『여지도(輿地圖)』「강원도」

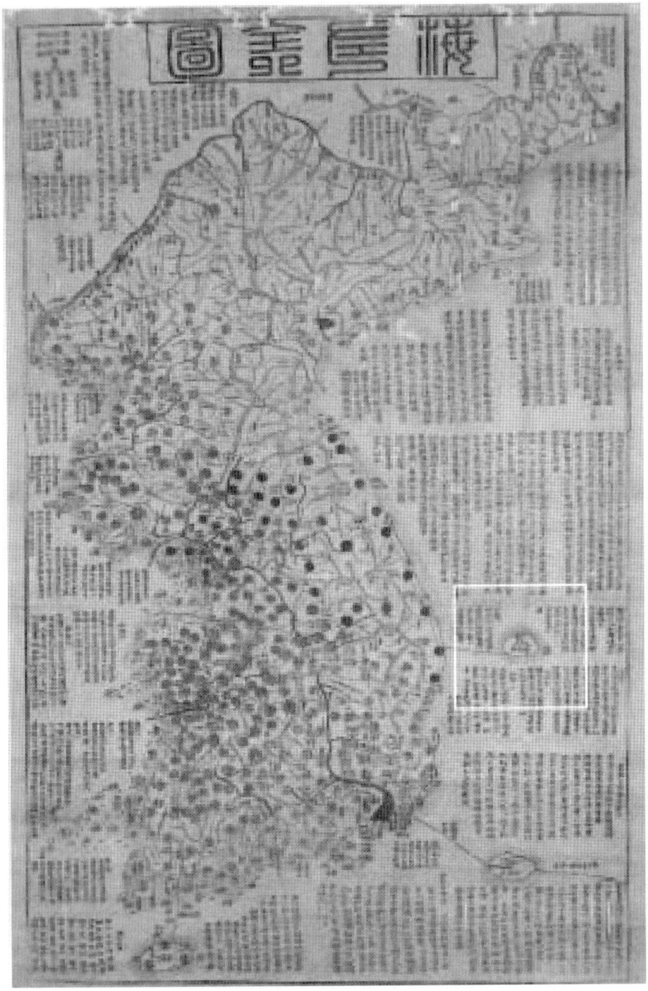

「해좌전도(海左全圖)」

위반하면 일본에서 사형에 처해졌다. 안용복을 위시한 우리나라 어부들의 울릉도와 독도의 출어에 대한 처벌은 일본국이 할 수도 없었고, 또 처벌당한 사례도 없다.

반면 일본인들의 처벌에 대해 우리 정부에서는 일본과의 외교경로를 통해 그들의 철수와 처벌을 원하였고, 일본정부는 이에 따라 사후 대책에 나섰다. 수토정책은 우리정부의 공권력 강제의 확인이고, 울릉도가 국내법 적용의 대상 지역이었음을 말해주는 것이다.

삼척영장과 월송포만호가 울릉도를 수토하면서 울진의 대풍헌에 순풍(順風)을 기다리면서 울진 구산항에서 출발하였다. 그렇기 때문에 18세기 후반의 『여지도(輿地圖)』(59.6×74.5cm) 3책으로 구성된 지도책 중의 「강원도」지도와 19세기 중기에 만들어진 「해좌전도(海左全圖)」(가채목판본, 97.8×55.4cm, 영남대 박물관)의 경우 울진-울릉도 항로가 표시되었다.

삼척영장과 월송만호가 교대로 울릉도를 수토한 제도가 고종 20년(1883) 울릉도 개척이 이루어지면서 전임도장인 전석규가 임명됨으로써 폐지되었다.

안용복사건이 일어나자 숙종은 과거시험 문제에서 일본인이 울릉도를 "죽도라고 가칭하고 그 땅에서 우리 백성들이 경계를 넘어가 어채하는 것을 금해줄 것을 청했다"고 하면서, '조종의 강토는 남에게 줄 수 없는 것'이라고 강조하고 "변방을 안정시키고 나라를 편안히 할 방책을 대책에서 나타내라"고 하였다.

2) 일본의 대응

일본의 경우 '죽도도해금지령'은 독도 도항을 금지한 것이 아니기 때문에 독도는 여전히 일본의 영토라고 우긴다. 일본의 오야 가문[大谷家]의 사료에서 "죽도(울릉도) 근변의 송도(독도)[竹嶋近邊松島]"(1659년) "죽도(울릉도) 내의 송도(독도)" [竹嶋內松島](1660년)라고 한 바와 같이 '죽도도해금지령'에는 송도, 즉 독도도 포함되었다. '죽도도해금지령'이 내려진 이후 일본에서 독도만을 대상으로 어로활동을 한 기록이 전하지 않는다.

1722년 이와미주(石見州) 어민의 울릉도 밀항사건이 발생하자 에도막부는 대마도에 대해 안용복사건 때의 죽도도해금지령이 독도에도 적용되는지에 대해 조회

했다. 쓰시마번의 답변은 "(송도 또한) 죽도와 마찬가지로 일본인들이 건너가 고기잡이를 하는 것을 금지시켰다고 생각할 수 있습니다."고 하였다.

그 후 죽도도해금지령 해제 청원 과정에서 『대곡씨구기』(大谷氏舊記) 등에 의하면 1740년 오야 가쓰후사(大谷勝房)는 에도막부에 "죽도·송도 양도 도해가 금지된 이후에는 호키(伯州)의 요나고(米子) 성주가 가엽게 여겨주신 덕택에 생활하고 있다"고 진술하고 있다. 그렇기 때문에 '죽도도해금지령'에 독도가 포함되지 않았다는 일본의 주장은 성립하지 않는다.

그리고 '죽도도해금지령'이 내려진 이후에 일본은 울릉도 도항을 하면 처벌되었다. 1833년 이마즈야 하치에몬(會津屋八衛門)이 도해 면허 없이 월경하여 울릉도에서 어로활동을 한 사실이 발각되었고, 1836년 사형되었다. 하치에몬을 조사한 조서인 「죽도도해일건기」(竹島渡海一件記; 1836) 「조선죽도도항시말기」(朝鮮竹島渡航始末記; 1870)는 여기에 하치에몬이 그린 지도 '죽도 방각도'(1833)가 부록으로 첨부됐으며, 이 지도에 조선 영토는 붉은색으로, 일본 영토는 파란색으로 채색되어 있다.

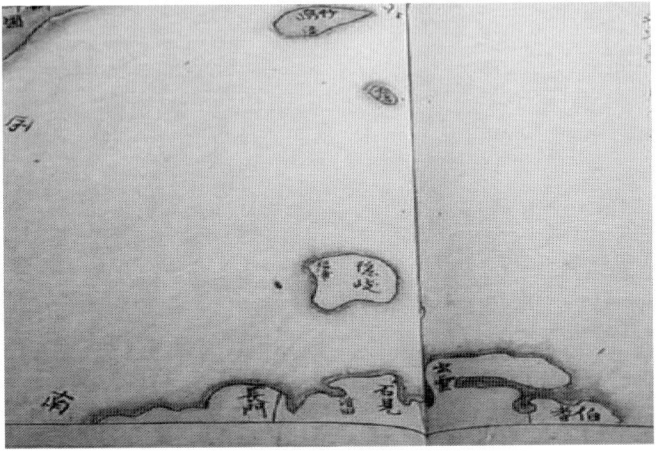

「죽도방각도」

「朝鮮竹嶋渡航始末記」

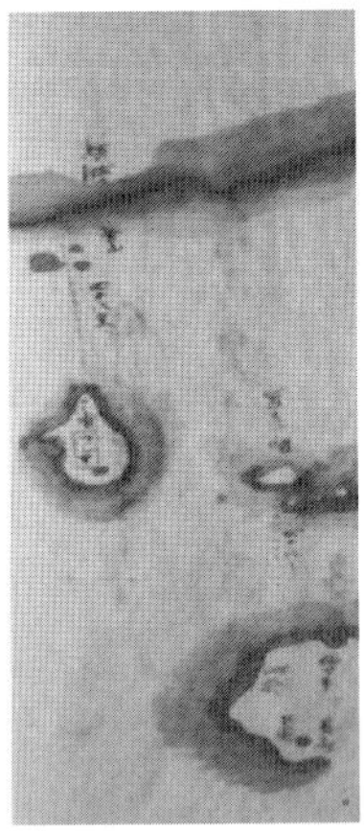

「조선죽도도항시말기」

울릉도와 독도 역시 붉은색으로 표시되어 조선의 영토임을 분명하게 나타내고 있다.

메이지 시대의 「조선국교제시말내탐서」와 「태정관지령」에서도 '원록연간'의 일, 안용복 사건을 거론하면서 독도가 조선의 영토임을 공식적으로 확인했다. 1869년 12월 외무성 관리를 조선에 파견하여 조선의 사정을 염탐했다. 그 보고서인 「조선국교제시말내탐서」(1870)에서 '죽도(울릉도)와 송도(독도)가 조선의 부속이 된 경위'란 제목으로 원록 연간(안용복 사건을 지칭함)에 울릉도와 독도가 조선 땅이 되었다는 내용이 다음과 같이 기록되어 있다.

죽도·송도가 조선에 속하게 된 사정

송도는 죽도 옆에 있는 섬입니다. 송도에 관해서는 지금까지 기재된 기록이 없지만 죽도에 관해서는 원록 연간(元祿年間)에 주고받은 서한에 기록이 있습니다. 원록연간 이후 한동안 조선이 거류하는 사람을 파견하였으나 이제는 이전처럼 무인도가 되어 있습니다. 대나무나 대나무보다 두꺼운 갈대가 자라고 인삼도 저절로 나며 어획도 어느 정도 된다고 들었습니다. 이상은 조선의 사정을 현지 정찰한 바, 대략적인 내용은 서면에 있는 그대로이므로 우선 돌아가 사안별로 조사한 서류, 그림 도면 등을 첨부하여 말씀드리겠습니다. 이상.

일본 메이지 정부의 최고 행정기관인 태정관(太政官)이 1877년에 내무성에 하달한 지령으로, 일본이 한국의 독도 영유권을 인정한 또 하나의 결정적인 증거이다. 1876년 10월 시마네현이 관내의 저적(地籍) 조사와 지도 편찬 작업을 하던 중 죽도(울릉도)와 송도(독도)를 시마네현에 포함시켜야 하는지 내무성에 의견을 물었다. 1877년 3월 내무성은 "이 문제는 원록 연간에 끝난 문제이고 울릉도와 독도는 일본과 관계가 없다"는 결론을 내렸다. 하지만 내무성은 이 문제가 일본의 영역과 관련된 중요한 사안이라고 판단하고 당시 최고 행정기관인 태정관에 최종 결정을 넘겼다. 1877년 3월 29일 태정관은 이 질의서를 검토한 후 17세기 말 도쿠가와 막부가 내린 울릉도 도해 금지 조치 등을 근거로

"죽도 외 일도가 본방(일본)과 관계없다는 것을 명심할 것"이라는 지령을 내무성에 하달하였다 '죽도 외 일도'는 안용복 사건 때의 「기죽도약도」 지도를 근거로 '독도'임이 분명하다.

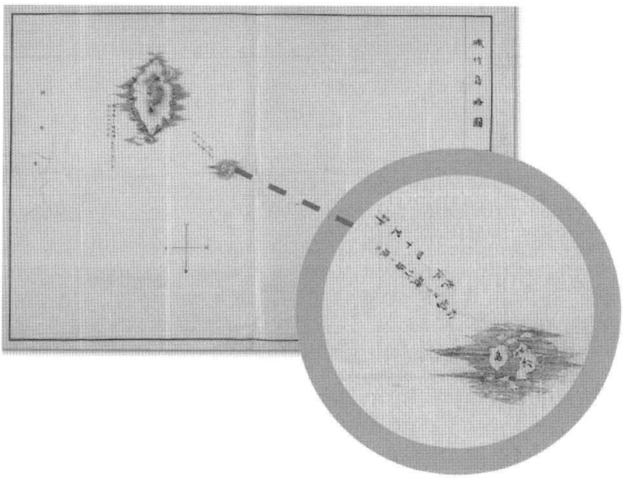

「기죽도 약도」

맺음말

인터넷 홈페이지 등의 독도 관련사이트를 살펴보면 '독도를 지킨 사람들' 가운데 빠짐없이 등장하는 인물이 '안용복'이다. 한국의 경우 안용복은 '숙종 때 울릉도와 독도가 조선 땅임을 일본 막부정부가 자인하도록 활약한 민간 외교가'라고 하거나, 흔히들 '장군'으로 부르고 있다.

한국에서 '안용복'을 독도를 지킨 인물로 부각시키는데 반해 일본에서는 일찍부터 안용복을 부정적으로 묘사하여 왔다. 다가와 코죠(田川孝三)의 경우 안용복의 언동 관계 기사(『숙종실록』)는 "일련의 사실에 따라 기록한 것이 아니라 범죄자의 공술서에 나온 것을 무비판적으로 적당히 골라 전재한 것에 불과하다. 그 공술은 국내의 사건이 아니라 해외에서 발생하는 것이므로 따로 목격자나 증인이 없고 공술자의 허구와 과장으로 가득찬 것이었다"라고 한 것을 필두로 하여 최근 '죽도문제연구회'를 이끌어나가고 있는 시모죠마사오는 『죽도문제에 관한 조사연구 최종보고서』(2007.3) 「머리말」에서 안용복을 모든 '악의 근원'으로 간주하면서, 안용복의 위증이 '개찬된 한국의 논거'가 되어 그 후의 한일관계를 크게 어긋나게 하는 원인이 되었다고 하였다. 일본의 학자 가운데 독도를 일본의 영토라고는 볼 수 없다는 입장을 견지하는 나이토 세이츄(內藤正中)마저 "한국과 북한의 안용복 연구는 일본에서 귀국한 후에 조사한 비변사에서의 공술내용을 기록한 『조선왕조실록』 등에만 의거하고 있어, 상대측인 돗토리번의 사료에 관해서는 전혀 고려하지 않는 결함을 가지고 있다"고 하면서 일국주의 역사관을 비판하고 있다. 또 이케우치 사토시(池內敏)의 경우도 "한국인 연구자에 의한 안용복 사건 연구의 최대의 문제점은 해당 연구가 일본과 조선에 걸쳐 일어난 일이고 관련 자료가 양측에 남겨져 있음에도 불구하고 일본측 사료를 거의 참조하지 않는다는 점에 있다"고 지적하고 있다. 이상의 일련의 연구결과를 일본 외무성 홈페이지는 적극 반영하고 있다는 점에서 일본측 자료를 적극 활용하여 연구가 이루어져야만 할 것이다.

일본의 경우 '17세기 영유권 확립설'을 주장하는 최

대의 걸림돌이 안용복이므로 안용복을 '거짓말쟁이'로 모는 것은 당연하다. 일본의 입장에서 '안용복' 개인에만 초점을 두고 논쟁하려고 하겠지만 한국의 경우도 '안용복'에만 초점을 두는 것은 문제가 있다. 더욱이 안용복을 '장군'으로 떠받들고 긍정적 평가로 일관하는 태도는 버려야만 할 것이다. 안용복은 일본과 조선에서 심문을 받으면서 살기 위해 몸부림을 친 하나의 인간으로서 볼 적에 안용복의 실상을 정확히 파악할 수 있을 것이다. 특히 1693년의 안용복의 일본행을 '도일(渡日)'이라는 단어를 사용하기 보다는 조선의 영토를 침범하여 조선인 두 명, 즉 안용복과 박어둔을 총칼로서 위협하여 납치한 '국제적 납치사건'으로 부각할 필요가 있다.

또 안용복 혼자만이 독도영유권을 지키는 데 기여하였다는 태도를 버리고 안용복의 납치사건으로 인해 촉발된 '울릉도쟁계(죽도일건)'를 통해 한일 양국이 외교적으로 치열한 논쟁을 거친 결과로 인해 울릉도 영유권을 일본 정부로부터 확인하였다는 점을 강조하면서, 그 속에 독도가 포함되었음을 부각할 필요가 있다. 역사의 담당 주체자를 개인, 하나의 영웅으로 보려는 시각을 버리고 '울릉도쟁계(竹島一件)'에 관한 일련의 과정을 한일 양국의 사료의 수집, 분석을 통해 정밀하게 연구할 필요가 있다. 1696년 1월 이미 울릉도 도항이 금지되었기 때문에 1696년 안용복이 일본에 건너간 것은 '울릉도쟁계(竹島一件)'의 해결에 영향을 준 것이 없다. 그러나 이때의 안용복 활동이 안용복에 의해 알려지면서 안용복의 신화가 서서히 만들어지기 시작했다. 그에 관한 후대의 사료를 통해 안용복의 영웅화 과정을 연구해볼만한 가치가 있다.

일본의 경우 1693년 안용복 사건으로 인해 촉발된 '죽도일건(竹島一件)'으로 인해 1696년 울릉도 도항이 금지되었지만 독도도항은 금지된 것이 아니라고 주장한다. 이러한 논리가 먹혀들기 위해서는 우선 일본이 1696년 이후, 즉 수토제도가 확립된 시기에 일본이 독도만을 목표로 하여 건너와 어로 활동을 한 적이 있었는가에 대한 자료가 제시되지 않으면 안된다. 아직 일본 측으로부터 이에 대한 자료 제시는 없다. 독도에서의 어로활동은 울릉도를 근거지로 하여 이루어졌다.

그래서 일본 자료(大谷家 문서)에서 '죽도(울릉도) 내의 송도(독도)'(竹嶋內松嶋), '죽도 근변의 송도'(竹島近邊松嶋) 등으로 기록될 수밖에 없다. '울릉도쟁계'로 인해 울릉도가 조선의 땅임이 분명한 이상 일본 어부들은 '독도' 만을 대상으로 해서 항해하지 않았다. 우리는 이를 부각시켜 나갈 필요가 있다. 그리고 독도가 조선의 영토임을 입증하기 위해 동남해 연안민들이 끊임없이 울릉도와 독도로의 어로활동에 나섰음을 보여주는 사료를 적극적으로 발굴하여야만 한다.

참고문헌

권오엽,「안용복의 일본 도해의 의미」,『일본어문학』31, 2006.

---------,「통정대부 안용복 – 한·일 기록이 전하는 안용복의 관직 –」,『일본어교육』50, 2006.

---------,「『원록구년병자년조선주착안일권지각서』와 안용복」,『일본어문학』39, 2008.

---------,『독도와 안용복』, 충남대출판부, 2009.

---------,「『죽도고』의 안용복」,『일본문화연구』33, 2010.

김강일·윤유숙·하혜정『울릉도·독도 일본 사료집 I 』,「해제」, 동북아역사재단, 동북아역사자료총서 42.

김덕진,『대기근, 조선을 뒤덮다』, 푸른역사, 2008.

김래주,『대조선인 안용복』1.2, 늘푸른 소나무, 2005.

김의환,『안용복장군: 울릉도 독도의 내력』, 안용복장군기념사업회, 1967.

김호동,『독도·울릉도의 역사』, 경인문화사, 2007.

---------,「조선초기 울릉도·독도에 대한 '空島政策' 재검토」,『민족문화논총』 32, 영남대학교 민족문화연구소, 2005.

---------,「조선초기 울릉도·독도관리정책」(『동북아역사논총』 20, 동북아역사재단, 2008.

---------, 「『죽도문제에 관한 조사연구 최종보고서』에 인용된 일본 에도(江戶)시대 독도문헌 연구」『인문연구』 55, 영남대학교 인문과학연구소, 2008.
---------, 「조선 숙종조 영토분쟁의 배경과 대응대책에 관한 연구-안용복의 활동에 대한 새로운 해석을 위해-」, 『대구사학』94, 2009.
---------, 「울릉도·독도 어로활동에 있어서 울산의 역할과 박어둔」, 『인문연구』58, 영남대학교 인문과학연구소, 2010.
---------, 「독도 영유권 공고화와 관련된 용어 사용에 대한 검토」, 『대구사학』98, 2010.
---------, 「울릉도·독도로 건너간 사람들」, 『한·일 양국의 관점에서 본 울릉도독도』, 지성인, 2012.
김화경, 「안용복의 2차 도일 활동에 관한 연구」, 『독도연구』 창간호, 2005.
---------, 「박어둔과 울릉도 쟁계에 관한 연구」, 『인문연구』 58, 영남대학교 인문과학연감, 2010.
박병섭, 『안용복 사건에 대한 검증』, 한국해양수산개발원, 2007.
---------, 「안용복사건과 돗토리 번」, 『독도연구』6, 영남대학교 독도연구소, 2009.
방기혁·정영미, 『울릉도·독도 사수실록 - 안용복의 역사행적을 찾아서-』비봉, 2007.

손승철, 「1696년, 안용복의 제2차 도일 공술자료-원록구병자년조선주착안일권지각서-」, 『한일관계사연구』24. 2006.
송병기, 『울릉도와 독도-그 역사적 접근』, 단국대학교출판부, 1999.
---------, 「안용복의 활동과 울릉도쟁계」, 『역사학보』192, 2006.
---------, 「안용복의 활동과 죽도(울릉도)도해금지령」, 『동양학』43, 2008.
---------, 『울릉도와 독도-그역사적 검증』, 역사공간, 2010.
신명호, 「조선 초기 중앙정부의 경상도 해도정책을 통한 공도정책 재검토」, 『역사와 경계』66, 부산경남사학회, 2008.3.
신석호, 「안용복 –동해의 초병」, 『인물한국사』4, 박우사, 1965.
신용하, 『독도의 민족영토사 연구』, 지식산업사, 1996.
---------, 『독도영유권 자료의 탐구』 3, 독도연구보전협회, 2000.
안용복장군기념사업회, 『안용복장군』.1996.
유미림, 「안용복 사건, 과거시험에 출제되다」『영토해양연구』2, 동북아역사재단 독도연구소, 2011.
이준구, 「17세기 말, 호패·호적이 말하는 울릉도·독도 파수꾼 안용복과 박어둔」, 『조선사연구』14, 2005.
이태진, 「외계충격 대재난설과 인류역사의 새로운 해석」, 『역사학보』164, 1999.
---------, 『동경대생들에게 들려준 한국사』, 태학사, 2005.

이　훈,「조선후기 독도를 지킨 어부 안용복」,『역사비평』35, 1996.

장순순, 1696년 안용복의 도일과「원록구병자년조선주착안일권지각서」,『한일관계사 연구』, 2014.

진재교,「원중거의 안용복전 연구 - 안용복을 기억하는 방식-」,『진단학보』108, 2009.

최해군,「동해의 독전사 안용복」,『민족문학대계』15, 동화출판사, 1975.